Ciencias de la Gastronomía
Teoría y Método

Almudena Villegas Becerril

Ciencias de la Gastronomía

Teoría y Método

☙❧

♃
ALMUZARA

© Almudena Villegas Becerril 2019
© Editorial Almuzara, s.l., 2019
Ilustraciones: ©Carmen Romo
Primera edición: marzo de 2019

Reservados todos los derechos. «No está permitida la reproducción total o parcial de este libro, ni su tratamiento informático, ni la transmisión de ninguna forma o por cualquier medio, ya sea mecánico, electrónico, por fotocopia, por registro u otros métodos, sin el permiso previo y por escrito de los titulares del *copyright*.»

COLECCIÓN GASTRONOMÍA
EDITORIAL ALMUZARA
Director editorial: Antonio E. Cuesta López
Edición al cuidado de Rosa García Perea
www.editorialalmuzara.com
pedidos@almuzaralibros.com — info@almuzaralibros.com

Imprime: Gráficas La Paz
ISBN: 978-84-17797-32-4
Depósito Legal: CO-256-2019
Hecho e impreso en España — *Made and printed in Spain*

A mi padre, que trató de enseñarme a pensar.
Cada día.

Índice

Introducción. Una nueva gastronomía 11

1. Gastronomía y cultura 17

2. Las Ciencias Gastronómicas como campo científico 29
    Ciencias Gastronómicas 31
    Combinación de diversos campos de conocimiento ... 33
    Gastrología 34
    Acotar campos 37

3. El método en Ciencias Gastronómicas 42
    Qué es el método 40
    Documentación 46

4. Didáctica de las Ciencias Gastronómicas 49
    Teoría constitutiva de las CC.GG. 50
    Historia de las CC.GG. 53
    Un nuevo lenguaje 56
    La alimentación, fenómeno dinámico 58
    El Triángulo Alimentario 66
    El Sistema Alimentario como
    expresión de una cultura 72
    Síntesis para la didáctica de las CC.GG. 76

5. Objeto técnico y reglas del análisis en CC.GG. 79
    Literatura y producción científica 81
    El objeto técnico y la cultura 83
    Reglas del análisis alimentario 87
    Sistema Alimentario y territorio 87
    La fórmula alimentación + cultura,
    como objeto del análisis alimentario 90

6. Herramientas y técnicas del investigador 97
    Las herramientas 98
    Las técnicas 99

Conclusión.. 105

Bibliografía... 107

Otros títulos de la autora 111

INTRODUCCIÓN

UNA NUEVA GASTRONOMÍA

La gastronomía necesita un cambio tal y cómo la conocemos en la actualidad. Ha prosperado extraordinariamente en diferentes sentidos, mucho más de lo que hubiéramos podido imaginar, con infinidad de trayectorias distintas y algunas de ellas notables. Por eso, hoy se hace necesario construir con orden esta nueva gastronomía que está adquiriendo personalidad propia, y que se hará más firme y sólida con la aplicación de un método y el uso de herramientas adecuadas.

Las acciones propuestas para los nuevos tiempos gastronómicos son: nominar las novedades y renombrar otros aspectos que ya existen, además de organizar, proporcionar contenido y proveer de significado a lo que está funcionando, creando así cauces para su correcto desarrollo. La gastronomía más allá de la propia gastronomía.

La situación es que hemos conocido, en los últimos años, una auténtica explosión de la gastronomía de la que ya se ha hablado en otras obras, ese innegable *Big-Bang* que ha acercado lo culinario a todas partes. Quizás era inevitable que sucediera así, y hasta incluso necesario para que pudiéramos cerrar el ciclo de la gastronomía con la necesaria reflexión propuesta en estas páginas, pero la existencia de ese conjunto de circunstancias ha conducido a un abuso del término, y en muchos casos a una utilización equívoca de los conceptos, que es en cierto modo arbitraria.

No hace tanto tiempo que la gastronomía carecía de interés para el gran público. Era un territorio inexplorado y cosa de gourmets, un asunto extravagante y algo exótico quizás: la buena comida, más allá de la mucha comida. Sin embargo, en los últimos años, el impulso espectacular que ha disfrutado, llevándola a ser incluso objeto de entretenimiento de masas, ha introducido una cierta banalización del término. La gastronomía ha invadido el espacio público con enorme fuerza, animada por el consumo de comidas variopintas, por su utilización como sujeto de entretenimiento en diferentes espectáculos, e incluso se ha convertido en objeto de récords, de estrategias de marketing y de un gran movimiento que funcionó realmente bien para conseguir venta de productos. En realidad, nada más simple que el uso de la natural inclinación hacia el buen comer, exacerbado por el interés mercantil.

Ha sido un fenómeno relevante y en cierto modo necesario, porque detrás de esta fachada se han creado tendencias de auténtico interés, las cuales han implicado a muchos sectores, desde cocineros a productores e investigadores. Así que hablaremos de esa otra gastronomía que representa un concepto superior a lo netamente culinario. Y que aporta unas nociones más completas, más ricas, que son expresión de conocimiento, de cultura, de tecnología, de ciencia. De pensamiento. Sin duda, esta gastronomía es una muestra de cómo las culturas alimentarias son porosas, fluidas, y están sometidas a un estrecho vínculo con la tierra, además de sus tradicionales lazos con los aspectos culturales y humanos.

En realidad, lo que puede facilitar esta forma de abordar la gastronomía será la posibilidad de que cada actor desarrolle libremente sus cometidos, sin demandar a ninguno que haga nada que no le corresponda, pero que, a la vez, todos puedan verse beneficiados del trabajo, de las investigaciones y de las acciones comunes. No hay límites, más allá de que se establezcan un orden y una recta forma de abordar los problemas, así como de generar conocimiento que, de manera participativa, beneficie al conjunto de los sectores implicados.

Desde luego, los aspectos estrictamente culinarios son una parte fundamental de la gastronomía, pero no la representan en su totalidad. Y si bien son el punto de arranque, a la vez que su gran consecuencia, requieren que sepamos formular las preguntas claves para obtener respuestas de las que extraer *Conocimiento*, con mayúsculas, que es justamente la tarea que aquí se propone. La cocina es un pilar de la gastronomía, pero no la gastronomía en su conjunto, aunque todo este nuevo movimiento gastronómico se ha desarrollado con tanta rapidez y se ha expandido de tal forma que requiere que dediquemos un momento a reflexionar al respecto.

La alta cocina que hoy quiere renovarse, ser mejor y más auténtica, tendrá que transitar por el conocimiento del territorio, por el análisis de los productos y por el buen desarrollo de las técnicas. E incluso avanzará más allá de la propia cocina, mediante la investigación en la médula, en el corazón culinario. Hay muchos cocineros realizando un gran trabajo, explorando productos, extrayendo posibilidades nuevas a comidas bien conocidas y versionando la gastronomía tradicional. Se trata de un proceso de enorme interés, porque los ha llevado a salir de sus cocinas, a colaborar con equipos científicos y a buscar en otros ámbitos ese conocimiento que les faltaba, o que intuían, pero desconocían. Y su actividad es parte de este proceso de creación de la nueva gastronomía.

De momento, se han generado una gran cantidad de iniciativas, muchas de ellas muy válidas, pero crecen desordenadamente. Hay un gran interés, pero es imprescindible canalizarlo de forma adecuada para que podamos construir algo importante con todo ello. Y toda esta labor requiere organización, necesita la aplicación de un pensamiento, el empleo de una metodología de trabajo y la adecuada selección de los medios necesarios para conseguirlo. La vitalidad de las distintas facetas gastronómicas ha hecho posible que hoy tengamos que ocuparnos de crear una estructura que las contenga, que las ordene y que procure que el crecimiento de los próximos tiempos sea más regular y ofrezca conclusiones bien aquilatadas. Tenemos que decidir qué vamos a hacer con todo lo que ya ha ocurrido y con lo que está sucediendo, ya que es urgente acometer este trabajo para crear la nueva estructura que hace falta.

Nuestra sociedad, con sus propias debilidades y fortalezas, ha creado esta burbuja gastronómica de la que, a pesar de todo, estamos siendo capaces de obtener un importante conocimiento. Pero tendremos que esforzarnos si aspiramos a extraer algo más de la gastronomía, habrá que pasarla por el tamiz del estudio, teniendo en cuenta que la cultura no es diversión, que el entretenimiento tampoco es cultura, y que el camino requerirá un notable esfuerzo, si queremos llegar al objetivo final de construir ciencia. Ese impulso que resulta imperativo acometer, es el que realmente conseguirá que la gastronomía supere sus limitaciones actuales y progrese. Estas líneas están dedicadas a analizar la necesidad y el proceso de desarrollo de esta metamorfosis, y a proponer algunas vías para canalizarla.

También hay que señalar que numerosas personas e instituciones están trabajando seriamente, con rigor y auténtico interés, tratando de proporcionar orden y consistencia a este tempestuoso y nuevo ¿o en realidad ya no tan nuevo? movimiento gastronómico, sembrando no solo para el presente, sino para proporcionar un sistema que resulte válido en el futuro, a modo de nuevo paradigma. Tratamos, entre todos, de poner un grano de arena en el caótico y complejo universo de la gastronomía y en sus enriquecedoras posibilidades como campo de estudio.

Este trabajo que aquí se presenta se ha desarrollado a partir de la idea inicial de mi discurso de entrada en la Real Academia de Gastronomía. Tras elegir, y no casualmente, el sillón Séneca, la pequeña charla versó sobre el mismo título de este trabajo: «*Oficio y Método de la Gastronomía*». La conveniencia de organizar los estudios vinculados con la gastronomía se hace muy necesaria, y es un tema por el que me he sentido interesada desde mis comienzos en la investigación gastronómica. Al no existir un programa, una definición de los términos o una ruta, ha sido necesario ir construyéndolos a medida que avanzaba, y para continuar había que trazar el propio camino. Así, los errores y los aciertos son míos. Humanos ambos y fruto de la pasión por el conocimiento y por la aventura de adentrarme en territorios no explorados.

Ha sido un gran esfuerzo, marcado por la necesidad de ir estudiando, investigando y a la vez creando un programa que sirviera de hilo conductor para el trabajo. Es por eso que la experiencia proporcionada por las labores de investigación en este campo y desde diferentes perspectivas, podría facilitar el camino de entrada a otros investigadores. Para ello, en estas páginas se definirá un sistema con el que desarrollar unas correctas técnicas de investigación con el propósito, finalmente, de ordenar, sistematizar y estructurar el conocimiento en torno a la gastronomía. El objetivo será crear un método abierto a los cambios generados por el progreso, de forma que cuando aparezcan novedades, se incorporen fácilmente al sistema de trabajo, ampliando así nuestro campo de estudio y las posibilidades de esta extraordinaria materia.

Visión de la gastronomía

Es, en esencia, tratar de obtener ese mayor conocimiento al que aspiramos y que, perceptiblemente, aporta la gastronomía. La herramienta principal será la aplicación de esta teoría y los métodos de trabajo asociados a ella. No solo como concepto para el presente, como una idea de usar y tirar, sino como una forma nueva de entender esta realidad cara al futuro. Extraer de los aspectos concretos lo abstracto, y mediante ese conocimiento facilitar el estudio para la investigación. Inferir, pulir, decantar, cuestionar, reflexionar, ese es el orden propuesto.

1. GASTRONOMÍA Y CULTURA

¿De qué modo la cultura y la gastronomía pueden relacionarse? ¿Cómo la gastronomía podría llegar a formar parte de la cultura? Son cuestiones clave para concebir el desarrollo de la propuesta y la forma en que podremos entender la gastronomía en el futuro.

> La invitación a considerar la comida como cultura, quizás requiera un breve análisis sobre lo que representa la tríada alimentación/comida/gastronomía para cualquier sociedad, más allá de la pura subsistencia.

Será necesario estudiar su historia para analizar cómo la alimentación se ha desarrollado en paralelo a la cultura, y más aún, interactuando con esta, y así calibrar su importancia. La historia de la alimentación nos podrá contar cómo han sucedido las cosas, ya que es reflejo de cada sociedad y de cada grupo humano. También es expresión de las situaciones sociales y del desarrollo de la civilización, de cada civilización en cada época. La historia de la alimentación forma parte del bagaje de nuestro conocimiento sobre diferentes culturas. En primer y fundamental lugar, nos habla de los conocimientos agrícolas y ganaderos, ya que su arraigo con la tierra es forzoso e innegable. La ecuación tierra + alimento es la que nos sostiene y nos da vida, es un concepto que podemos denominar Ecosistema Alimentario. Y la vida, la alimentación y la gastronomía crecen a su vez sobre este primer concepto. Y así, fructifica en un polinomio cuyos términos son: tierra + alimento + cultura humana, que crece exponencialmente a partir de la primera (tierra + alimento).

> Tierra + Alimento = Ecosistema Alimentario
> Ecosistema Alimentario + Cultura = Sistema Alimentario

También la historia de la alimentación se ocupa de la investigación y exposición del desarrollo tecnológico, así como de las creencias religiosas, del conocimiento de la medicina y de su práctica, y nos habla de las diferentes formas humanas de convivialidad. En relación con esto último nos cuenta de qué forma el hombre se desarrolla como ser social, así como en su entorno y con sus semejantes, pero también puede hablar de la parte más personal, de sus expectativas y anhelos.

El análisis que ofrece la historia de la alimentación explica la división del mundo diferentes estamentos sociales —y cómo es cada uno de ellos—, nos detalla el clima y la ecología, y hasta atestigua el desarrollo de los colapsos de las civilizaciones, como por ejemplo sucedió en Mesopotamia, o en la cultura maya clásica. Al fin y al cabo, un recetario, que es uno de los documentos más significativos para la historia de la alimentación, es un texto escrito en una cierta clave que nos permitirá acceder al conocimiento sobre una sociedad, un territorio, una cultura.

Como señalaba T. S. Eliot, «la cultura podría ser descrita sencillamente como aquello que hace que la vida merezca la pena ser vivida», y... «la gente no solamente necesita comida suficiente, sino una *cuisine* adecuada y propia». Es decir, señala Eliot, la esperanza de que cuando otros pueblos y otras generaciones contemplen nuestros restos digan que «a esa civilización le mereció la pena existir». Y comer bien, comer saludable, comer equilibrado no sólo con respecto a nosotros mismos, sino también en relación con la tierra que nos acoge, es parte de esa cultura superior de la que todos deseamos participar[1]. Pero más allá del acto de comer, o de cocinar, conocer la forma de alimentarse de una cultura nos hablará de sus fundamentos, de sus raíces, de su grado de desarrollo y de su conocimiento. Todos estos factores nos hacen entender cómo la alimentación, o la gastronomía, son cultura, de qué forma llegan a ella, en qué momentos se hace posible el encuentro entre ambas.

Pero ¿Qué es lo que debemos buscar? ¿Qué nos aporta este conocimiento? Por mi parte, no podría sustraerme a la formación como historiadora de la Antigüedad, por lo que sería interesante traer a estas líneas una reflexión sobre el término *areté*, de origen griego, que significa la virtud, la excelencia. En este de la gastronomía, como en otros campos, hay que aplicar el delicado y difícil concepto de la *areté*, descubrir cuál es la virtud de los estudios gastronómicos, su forma de ser en plenitud, su excelencia. Y esa es una de las obligaciones personales que me impuse en relación con la gastronomía. No es suficiente que otros

---

1 T. S. Eliot, *La unidad de la cultura europea*, Madrid, 2003, pp. 50.

hayan hecho las cosas bien, ni es excusa que muchos las hagan mal. Como decía Goethe: «lo que heredaste de tus antepasados, conquístalo para poseerlo».

Se adquieren ciertas responsabilidades, ciertos compromisos, tanto con la sociedad como con la ocupación vital elegida por cada individuo, con el conocimiento al que uno dedica las horas de la vida. Y es por eso que, como principio, la gastronomía necesita ser repensada, por lo que habrá que proporcionarle una estructura para que crezca y se fortalezca ordenadamente. Si algo hay que decir, es que, como los historiadores de la Antigüedad apuntamos *ex oriente lux*, pues *lux*, también desde las instituciones y desde cada uno de los investigadores, ese y no otro, es su cometido.

La historia de la alimentación no es un simple entretenimiento, agradable y curioso, sino una forma de reflexión profunda con la que hacer preguntas fundamentales a la Historia y reflexionar sobre ella, tratando de conocer una parte del pasado, de analizarlo y proporcionar algo de luz. Por eso importa elaborar un trabajo concienzudo. Conocer el detalle nos proporcionará la posibilidad de intuir algunas leyes, de aplicar el conocimiento adquirido a nuestro tiempo o incluso a otra época y extraer las conclusiones necesarias. Profesionalizar esta actividad, sometiéndola a la disciplina propia de la ciencia es lo que mitigará el intrusismo, evitando que sus contenidos dejen de considerarse una serie de meras *interesantes curiosidades*. Además, podremos con su conocimiento, iluminar la investigación sobre el proceso civilizador humano.

Vivimos en la primera sociedad que no padece hambre con regularidad y más aún, que vive sin miedo a padecer el hambre. Esto nos marca, y es un signo de cómo la alimentación refleja la cultura además de ser una de las claves para interpretar una época. La abundancia de alimento, y de muchas otras cosas, o quizás incluso el exceso, es uno de los referentes que definen nuestra sociedad.

Hoy, la preocupación en el contexto alimentario diverge, y por un lado no camina tanto en el sentido de paliar el hambre, como ha sido lo más habitual desde que el hombre es hombre. Más bien, muy por el contrario, se inclina hacia la búsqueda de alimentos apetitosos, refinados, difíciles, incluso por la oferta de novedades que la industria trata de ofrecernos diariamente. Por el otro lado, y mientras esto ocurre en Occidente, en otros muchos lugares del planeta se sigue padeciendo hambre recurrente con el resultado de innumerables muertes humanas cada día. También este hondo contraste es signo de una sociedad en la que la alimentación, o su ausencia, marcan la diferencia entre la vida y la muerte. Pero la realidad es que en la cultura occidental llevamos casi un siglo en el que no es norma pasar hambre y ni siquiera la preocupación por el hambre representa en alguna medida nuestra cultura. Y el hambre no es una entelequia, un recuerdo vago o algo que ocurre en otra parte. Es una sensación física dolorosa por la falta continuada y crónica de alimento, que en nuestro mundo occidental solamente los más ancianos recuerdan, y ni siquiera todos. En el Occidente actual, ni siquiera los adultos, y mucho menos los más jóvenes, recuerdan o conocen el hambre como parte de su realidad cotidiana. El apetito, por su parte, es sólo un recordatorio baladí de la hambruna, que forma parte del impulso de la vida por sobrevivir.

Y la alimentación, superada esa necesidad primaria de proporcionar vitalidad, e incluso en ese caso, es siempre y en cada época, cultura. Es cultura desde el momento en que no es natural, desde el momento en que la cocina y la técnica hacen su aparición en el cultivo, en la producción, preparación y presentación de los alimentos. Como señala M. Montanari[2], la comida es cultura tanto cuando se produce como cuando se consume. Y, además, también es cultura cuando se elige, ya que las posibilidades de elección y selección definen la identidad humana. En primera instancia —y tras una larga etapa de la evolución humana en la que predominaron la recolección, la caza y la pesca—, el fuego crearía la cultura del cocinado, que muy rústicamente en sus inicios comenzó la transformación de los alimentos.

Una etapa aún más avanzada en la historia se encuentra definida por el cereal, que es el alimento de la civilización, de cada una de las grandes civilizaciones y así, trigo, maíz y arroz cumplen respectivamente un papel clave en cada una de ellas. Los cereales son el comienzo de la relación del hombre con la cultura agrícola, su vinculación con la civilización y su forma de rebelión frente al mundo recolector, ocasional y circunstancial. Pero además de las bondades de sus respectivas capacidades nutritivas, el sabor de los cereales admite cualquier combinación, son saciantes, fáciles de cultivar, de conservar y de cocinar. Es por eso que además de representar un modelo de civilización en lo alimentario también simbolizan una filosofía, una religión, una forma de entender el mundo.

En realidad, cuando el hombre consigue liberarse de la temporalidad de los productos ofrecidos por la naturaleza, y modifica su ciclo para forzarla a producir mejores, más regulares y mayores frutos, se produce el cambio. Es decir: cuando recorre el camino que transcurre entre el nómada recolector y cazador hasta el sedentario gana-

---

2   M. Montanari, *La comida como cultura*, Guijón, 2004, pp. 9.

dero y agricultor, el camino entre los hijos de Caín y de Abel. Es entonces cuando la historia de la alimentación se acelera y conoce un verdadero progreso. La historia de la agricultura, y en particular, de la agricultura de los cereales, fortalece poderosamente este empuje y se solapa en la historia con una serie de avances en muchos otros campos que resultaron trascendentales para la génesis de las diferentes civilizaciones. Y desde entonces, alimentarse para el hombre, además de presentarse como una necesidad imperiosa, ha sido la expresión de su cultura, del conocimiento adquirido, de su poder sobre la naturaleza. Es por este motivo que tiene tanto que contarnos.

Cultura fue, en la prehistoria, el nacimiento y desarrollo de la agricultura, la ruptura, como la denomina M. Montanari, entre la naturaleza y el mundo civilizado[3]. El hombre posee la tierra y sus productos gracias a esta invención, se eleva sobre el recolector y el cazador: de esta ruptura nacieron los mitos y las edades doradas de todas las culturas, el concepto de *Tellus frugifera*, de *Pachamama* o de *Madre Tierra*.

Los hombres no comen como los animales, o más bien, hace ya mucho tiempo que los hombres no comen como los animales: es la adquisición de la cultura la que diferencia ambas posturas ante el alimento, a pesar de que este sea necesario para todo ser vivo. La primera diferenciación humana de carácter racional fue el uso del fuego. Y la segunda, la formación de la cocina, que es una expresión compleja de la cultura humana. Los animales comen, e incluso podemos decir que también seleccionan, pero solo el hombre cocina. Y esa relación del hombre con la necesidad de comer, gracias a la cual ha desarrollado habilidades y conocimientos para inventar métodos de

---

3   M. Montanari, *op. cit.*, 2004, 11-14.

supervivencia, llegaría a desplegar la genial invención del universo culinario.

Pero, además, perfeccionaría el conocimiento sobre lo que las plantas y los animales son capaces de proporcionarnos, sobre la tecnología vinculada con todos los procesos y por supuesto, facilitaría estrechar lazos con otros hombres, creando así las complejas relaciones sociales. Y con ello, crecería la Historia, se desarrollarían las relaciones humanas y se terminarían asociando el placer y la belleza estética a la alimentación, creando con ello la gastronomía.

El conocimiento de los aspectos vinculados con la salud, el de la historia de la agricultura, el de la tecnología, el de la creación de armonías, incluso, por qué no, la llegada al arte…, son algunas de las cosas que el ser humano es capaz de construir a partir de los alimentos y, mediante ellas, de crear cultura. Por esta razón, el tema requiere una reflexión sobre cómo el hombre se vincula, crea, satisface e incluso se cuestiona a sí mismo observando el mundo que le rodea y alimenta.

El estudio de estas relaciones entre cultura, cocina y territorio nos llevará a un importante campo, como es el análisis de las cocinas tradicionales de carácter local, porque nos falta información sobre ellas, cuestiones como ¿cuáles son las características que las definen?, ¿cuál es su antigüedad?, ¿en qué aspectos se concreta su vinculación con el territorio? J. Goody ofrece una reflexión al respecto, y observa, mediante el ejemplo de la cocina provenzal, que la idea de las cocinas locales en la actualidad necesita ser examinada. Sorprendentemente, y según los trabajos que recoge, la cocina provenzal no ha sido una realidad como tal hasta tiempos muy recientes[4]. Anteriormente, era idéntica a la comida común que se practicaba en todo el Mediterráneo europeo, con los elementos habituales de esta gran zona[5]. Muy probablemente, el análisis de diversas cocinas locales nos proporcione sorpresas en este o en otros aspectos.

Por su parte, J. Goody insiste en la esencia social del alimento, y en que su obtención y su origen natural para la creación de una *cuisine* están relacionados con las formas de producción y con los estratos sociales. En definitiva, una forma culturalmente aún más compleja de desarrollo del hecho alimentario, ligándolo con las jerarquías sociales, especialmente en las cocinas históricas de largo recorrido

Otro ejemplo muy interesante que solamente se cita, porque su explicación sería compleja y larga, es el del consumo de cerdo. La división geográfica del Mediterráneo entre culturas *porcinófobas* y *porcinófilas* es otra forma de manifestar el pensamiento religioso a través del alimento, y un modelo a partir del cual es posible desarrollar mapas que reflejen la alimentación en sus vertientes de cultura, religión y sociedad. En realidad, el consumo o no de este animal ha provocado una auténtica fractura en todos los sentidos que ha conmocionado a las culturas históricas hasta la actualidad[6].

---

4 J. Goody, *Cocina, 'cuisine' y clase. Estudio de sociología comparada*, Barcelona, 1995, pp. 54-56.

5 Con respecto a las cocinas populares y de tradición, J. Cruz propone que se basan en una serie de modelos culinarios desde el punto de vista estructural, profundamente arraigados en los pueblos que las practican, y que sirve de base a la cocina burguesa, J. Cruz Cruz, *Teoría elemental de la Gastronomía*, Ansoáin, 2002, pp. 104-108.

6 Sobre los tabúes con respecto al consumo de cerdo y la división entre defensores y detractores de la carne, ver M. Harris, *Bueno para comer. Enigmas de alimentación y cultura*, Madrid, 2011, pp. 96-117.

Y si el uso de alimentos de consumo general, como los cereales o las legumbres, se contraponían a la utilización de las proteínas animales y a los platos complejos, ya podemos observar una de las formas en la que se manifiesta una sociedad a través del alimento. Que además se refleja en la elección de los ingredientes posibles, y en las fórmulas de preparación, condimentación, etc., pero también en la forma de presentación de los platos en la mesa. La reflexión sobre cultura y alimentación nos llevará a considerar algunos campos de trabajo con una visión innovadora.

El primero que pensó en la Gastronomía como...

Y ¿desde qué momento se piensa en la gastronomía más allá del estricto acto de comer, de consumir un alimento? ¿Cuándo nace la epistemología? En realidad, la gastronomía, a lo largo de la historia, ha recogido muchas facetas del mundo natural y del humano, como son el poder, la cultura, el medio ambiente, el conocimiento universal de quién la disfruta, la exhibe o la comparte. Por esta razón, las raíces de la reflexión sobre ella, como algo más allá del acto de alimentarse, son difusas y están ancladas a la tradición milenaria y a la necesidad, al impulso, y cómo no, a la afición por el buen comer. Hipócrates enlazó la alimentación con la medicina y la salud; Apicio con el placer de vivir, y Homero describió los inicios de la cocina, de la que posteriormente Levi-Strauss extraería sus teorías sobre primitivismo y civilización, vinculándolos con técnicas alimentarias de asado y cocido respectivamente.

Afortunadamente, es posible conocer el momento en

el que alguien dejó sus reflexiones por escrito, lo que permite que hoy seamos capaces de detectarlo; y muy posiblemente no sorprenda el personaje que lo sugirió. Fue, en el siglo XVIII, Jean-Anthelme Brillat-Savarín, quién, al estilo de su época post ilustrada, trataría a la gastronomía desde una perspectiva original y novedosa para la época, concediéndole capacidad para igualarse o incluso distinguirse entre temas más elevados. En su *Tercera meditación* gastronómica, hace un intento, desde luego difuso y poco esclarecedor, pero evidentemente intencionado, por ordenar este campo al que por otra parte era tan aficionado en muchos sentidos. Él era un devoto gastrónomo, entusiasta por las novedades, por la nueva maquinaria y por las técnicas culinarias, pero sobre todo, por aquello que le hiciera más agradable y fácil el comer bien.

Y a la vez que un gran gastrónomo, J. A. Brillat-Savarín era un hombre de su tiempo, culto y perfectamente capacitado para hacerse preguntas de relevancia sobre asuntos que realmente le importaban. El propio subtítulo de su única obra, *Fisiología del Gusto,* es suficientemente explicativo: *O meditaciones de gastronomía trascendente.* En ella reconoce que se propone transportar al lector a través de una serie de reflexiones sobre ciertos aspectos gastronómicos que trascienden lo culinario. En primer lugar, trata de hacer una definición en la cual relaciona la gastronomía con diversas ciencias, posteriormente analiza el objeto de estudio de la gastronomía, la utilidad de los estudios sobre ella, y finalmente propone la creación de academias de gastrónomos. En realidad, sus reflexiones quedan inconclusas, pero forja innumerables preguntas e interroga a la gastronomía directamente, siendo consciente de que ya en su época se hacía necesario un análisis más profundo y de nivel superior al de los placeres de la buena mesa.

Si bien su obra divaga sobre preparaciones, anécdotas y aspectos de la vida del propio autor, y en especial sobre muchas recetas y comidas singulares, este pequeño capítulo es suficiente para hacernos comprender que él ya se formulaba las preguntas definitorias sobre la gastronomía. Desde luego, por sus páginas deducimos cómo era la vida de Brillat-Savarin, su forma de entender la gastronomía como fuente de placer y de relación social, pero también deja constancia de que era necesario profundizar más en su análisis y en su estudio. Era hijo de su tiempo, y la Ilustración había asentado en él ese reflejo tan característico de su época por la formulación de interrogantes sobre las cuestiones clave de la vida, por la síntesis y la investigación. Aunque para Brillat-Savarin, como él mismo señala en su obra, las metas supremas en la vida no fueron el conocimiento y la intelectualidad, sino el placer y la felicidad. Y para conseguir los últimos, la gastronomía fue su gran herramienta, dejándonos la primera reflexión sobre ella, de una forma tan decisiva que según sus palabras: «…rige la vida entera[7]».

---

[7] J. A. Brillat-Savarin, *Fisiología del Gusto. O meditaciones de gastronomía trascendente*, Madrid, 1987, pp. 51.

2. LAS CIENCIAS GASTRONÓMICAS COMO CAMPO CIENTÍFICO

Llevamos años pensando en gastronomía, meditando en clave de historia, reflexionando sobre la salud y acerca de la nutrición, sobre la alimentación y sus diferencias con la gastronomía. También con respecto a los alimentos y la bromatología, y consecuencia de todo esto, investigando sobre la importancia de las relaciones entre diferentes áreas de conocimiento que se encadenan con la gastronomía. La vinculación de nuestro tema con diferentes campos del saber la convierte en un espacio privilegiado, en el que se dan la mano todas las facetas de la ciencia relacionadas con la alimentación. El proceso de formación de esas relaciones, de las interconexiones de las autopistas del conocimiento en las encrucijadas de la gastronomía será una de las cuestiones fundamentales.

La propuesta es considerar las CC.GG. como un campo de conocimiento esférico, una imagen que presenta multitud de puertas. Se puede elegir una para entrar, pero habrá que admitir que todas esas puertas son caminos válidos siempre que penetren en la esfera del conocimiento de esta ciencia.

El resultado de esta situación, como observadores-implicados en diferentes circunstancias, es que podemos mirar a la gastronomía como un área capaz de ser tan fructífera intelectualmente como cualquier otra, y no solo como fuente de placer para gastrónomos, lo cual es perfecto, por otra parte, pero incompleto para nuestros objetivos. Y más allá, su mayor conocimiento equivaldría a una insuficiente explicación sobre qué es la gastronomía hoy.

La idea de la gastronomía en la actualidad es algo muy diferente a la escueta e insuficiente definición que hace la Real Academia de la Lengua, y que se limita a decir sobre esta que es: «Arte de preparar una buena comida», «La afición al buen comer y el conjunto de los platos» y «Usos culinarios propios de un determinado lugar». Por su parte, la Real Academia de Gastronomía propone una definición más compleja para el término Gastronomía: «Conjunto de conocimientos, artes y artesanías relacionados con distintos aspectos de la alimentación, que conducen a que la alimentación sea saludable y deleitosa. Cultura de la alimentación[8]». Esta última definición representa una visión de la gastronomía mucho más ajustada a lo que es en la actualidad, y amplía las expectativas para su desarrollo en el futuro. Sin abandonar lo culinario, porque es obvio que resulta inevitable y necesario que esta faceta forme parte de la gastronomía, ya que es estructural, debemos pensar en aspectos de salud y especialmente en esa pequeña parte final de la definición que nos parece clave para entender la realidad hoy y el futuro de la gastronomía, en la Cultura de la Alimentación.

Si no avanzáramos en este momento para ordenar este campo científico, sería igual que si la química se hubiera mantenido como la fábula de la alquimia, como si el curan-

---

8 En cuya gestación hemos colaborado.

derismo no hubiera trascendido hacia la medicina, o si la astronomía se hubiera quedado en astrología; incluso como si la historia no hubiera pasado de las epopeyas de los aedos griegos o de la mitología. Significaría que comer bien sería suficiente para explicar la gastronomía, y que no se podrían extraer unas conclusiones intelectuales, abstractas y científicas de este simple, diario, cotidiano y necesario acto y de la compleja red de relaciones que posee. Por eso este es el momento de dar el paso y de lanzarse a clasificar, a organizar la realidad que ya es, y que va más allá del puro disfrute gastronómico.

Ciencias Gastronómicas

Debido precisamente a la complejidad de un campo de conocimiento que requiere el apoyo y la participación de diversos sectores del saber, se hace imprescindible el desarrollo de sistemas metodológicos y organizativos que favorezcan en él un crecimiento ordenado y por tanto, mayor y más productivo. Y lo primero es siempre seleccionar un nombre. Nominar las cosas que a veces sólo se encuentran en el pensamiento: nombrar para existir.

Para fundamentar adecuadamente una ciencia, para exponer sus problemas, para realizar análisis adecuados y para, finalmente, ponerla en práctica, tendremos que decidir en primer lugar cuál es la palabra que la nombra. Hasta la actualidad se ha denominado Gastronomía a un conjunto variopinto y confuso de prácticas culinarias, de hechos, anecdotario, etc., mezclado con algo —poco y malo— de historia de la alimentación, de sensaciones de placer por el disfrute de los alimentos, platos y recetarios.

Este término, que hasta ahora había sido suficiente, se ha quedado conceptualmente exiguo para abarcar todo lo que se ha avanzado en la actualidad. Si bien la interdisciplinariedad es necesaria, no lo es la mezcolanza de conceptos, hechos y fuentes. Por tanto, es necesario ubicar a cada uno de ellos en su lugar correcto, clasificación que realizaremos algo más adelante.

Para ello, y en lugar del ambiguo término de gastronomía para nombrar una disciplina, que es exiguo, indefinido y resulta incompleto para explicar la compleja situación de estos estudios, la denominación de Ciencias Gastronómicas es más adecuada, y a ella nos referiremos de ahora en adelante como CC.GG. con el fin de facilitar la lectura. La pluralidad del propio nombre se debe a que es un campo de conocimiento que requiere la participación de la historia de la alimentación, de la técnica culinaria y de muy diversos ámbitos, desde la medicina a la agronomía, de la química a la antropología, de la economía a la innovación tecnológica. Poder utilizar un término flexible y amplio, pero definido, que las englobe a todas y permita, asimismo, la entrada de nuevos campos de conocimiento relacionados con ella, lo que facilitará el desarrollo del trabajo. Y también nos proporcionará esa cierta ductilidad que provea el uso de otras herramientas intelectuales para su estudio, y que quizás en la actualidad se nos escapan. Es algo que no descartamos que suceda en el futuro próximo.

Ya se empieza a utilizar esta designación, que en cualquier caso propiciará que cuando hablemos de estudios de CC.GG. hagamos referencia a un concepto lo suficientemente amplio como para que englobe cualquiera de los campos del conocimiento, y no estrictamente su versión culinaria, como sucede en la actualidad cuando se definen los estudios en gastronomía.

COMBINACIÓN DE DIVERSOS CAMPOS DE CONOCIMIENTO

Es imprescindible conocer cómo se ha desarrollado el concepto de la gastronomía para entender las modificaciones que requiere en la actualidad, así como para reflexionar sobre el mejor proceder con el fin de formular un nuevo significado y método de la gastronomía.

También lo es la necesidad de estructurar el conocimiento de las CC.GG., con el fin de que estas nos proporcionen la capacidad de observar y extraer enseñanza de sus contenidos. Y no sólo en forma de alimento, que ya lo es, que siempre lo ha sido, sino mediante el proceso de abstracción, en forma de pensamiento. Porque esta estructura de las CC.GG. también debe ser capaz de proporcionar la ordenación necesaria que facilite el crecimiento sistemático y bien estructurado, en cualquier caso y de cualquier manera que este se produzca.

Sin embargo, tampoco el pensamiento se basta a sí mismo, ni es suficiente retroalimentar un concepto teórico sobre la gastronomía sin conocer ésta a fondo, sin haberse manchado las manos con harina, sin haber entrado en cientos de restaurantes y de cocinas, sin haber conocido la realidad y los peligros de la tecnología aplicada, sin haber probado los productos o pisado la tierra, conocido las necesidades humanas, los placeres de una buena comida, los peligros de una mala, escasa, excesiva o deficitaria alimentación. La situación del pensador sobre gastronomía, en nuestro caso, le debe llevar, como decía Nietzsche, a «No aceptar ningún pensamiento que no haya nacido al aire libre, y en momentos de libre movimiento[9]».

---

9   F. Nietzsche, «Ecce Homo, ¿por qué soy tan inteligente?», *Obras completas*, Buenos Aires, 1970, pp. 286.

Un pensamiento que en este caso encaja perfectamente, en el que los aspectos teóricos y los prácticos, la ciencia y el arte, que son facetas conjugadas *de facto* en el reino de la gastronomía, y por qué no decirlo ya, de las CC.GG., deben necesariamente convivir, y de hecho lo hacen, para dar forma a esta ciencia.

Desde otra perspectiva, como observadores y participantes del hecho gastronómico, podemos comprobar que la interdisciplinariedad no solamente es parte de la esencia del análisis gastronómico. Es el corazón mismo del hecho gastronómico. Precisamente por esto, por la pluralidad y riqueza de las CC.GG., la multidisciplinariedad se ha convertido en una herramienta imprescindible para realizar un análisis profundo y bien trazado. Y es que las CC.GG. no son precisamente un campo de estudio homogéneo, sino que más bien representan el resultado de la fusión de un conjunto de estudios que proviene de diversos aspectos del conocimiento que, para ser analizados, investigados y expuestos adecuadamente, requieren unidad de visión y organización. Y sobre esta pluralidad, y con el fin de progresar correctamente, se hace imprescindible la aplicación del método científico, como sucede con el resto de las ciencias.

> La interdisciplinariedad es la esencia del conocimiento sobre el hecho gastronómico y la clave para su análisis.

Gastrología

Y nos atreveremos a utilizar, con intención de que forme parte del patrimonio de las CC.GG., el término *gastrología*. Ortega y Gasset introdujo la palabra historiología, que explica el estudio de la teoría de la historia, y en especial, la fracción que estudia la estructura, las leyes o las condiciones de la realidad histórica[10]. Por tanto, y paralelamente, podría ser válido utilizar el término gastrología como definición y explicación sobre la teoría de la gastronomía. Entendiendo esta como el conjunto de ilustraciones, métodos y teorías sobre cómo, por qué, de qué manera y en qué medida se dan cierto tipo de hechos gastronómicos y tendencias diversas en determinados lugares o tiempos y no en otros.

Aunque por su parte J. Aróstegui opina que el término historiología introduce una complicación semántica, en el caso de la gastrología, y sólo en teoría, encontraríamos un problema idéntico al que señala con respecto al uso de historiología. Sin embargo, las propias características de la gastrología eliminan esta posible cuestión de raíz[11]. El caso es que, con respecto a la gastrología, la aparición de un término tan evidente y claro es más que oportuna, ya que proporcionaría una solución al problema de encontrar esa definición clara y exacta que describiera con exactitud la necesidad de conocer los razonamientos, los métodos y las teorías sobre la gastronomía.

---

10 J. Ortega y Gasset, señala que: «La historiología parte de una convicción inversa. Según ella, todo ser tiene su forma original antes de que el pensar lo piense. Claro es que el pensamiento, a fuer de realidad entre las realidades, tiene también la suya. Pero la misión del intelecto no es proyectar su forma sobre el caos de datos recibidos, sino, precisamente, lo contrario. La característica del pensar, su forma constitutiva, consiste en adoptar la forma de los objetos, hacer de éstos su principio y norma». En: «La "filosofía de la historia de Hegel", y la historiología», *Revista de Occidente* 56, 1928, pp.168

11 J. Aróstegui, *La investigación histórica: teoría y método*, Barcelona, 1995, pp. 25.

Conseguir la aceptación generalizada para el uso del término en el mundo científico y que además éste se integrara en las CC.GG. como parte de la epistemología, permitiría el avance de la definición de más campos dentro de ellas. Y como consecuencia, su ordenación. Analizar los principios, el fundamento, la extensión y las formas de acercarse a las CC.GG., podría facilitar que la investigación tuviera un fundamento sólido, que se extendiera, y que evitara el intrusismo, además de que se afianzara de la mejor forma posible.

Construir cultura, en este caso, a partir de un campo de conocimiento que explica parte, a su vez, de nuestra propia cultura, es un acto (necesario) de inteligencia. Disponer de una herramienta tan importante para el propio conocimiento y utilizarla adecuadamente nos enseñará muchas cosas. Pero para construir tenemos, en primer lugar, que dar forma a esta herramienta que son las CC.GG., y la gastrología como campo de estudio de la teoría y definición, incluso como análisis, proporcionaría a su vez una forma concreta a esta herramienta para poder utilizarla cómodamente. De ahí su importancia y su necesidad. En cuanto al propio término, es objetivamente inequívoco, define bien el objeto de estudio y al ser de nuevo cuño, no ofrece el peligro de la sinonimia ni de las explicaciones complejas. La sencillez quizás sea la mayor expresión de la inteligencia, y en este caso, el término gastrología nos ofrece todas esas oportunidades.

Pero más allá de la propia terminología, cuyo papel debe ser facilitador, lo que debemos tener en cuenta es que sí existe la necesidad de estudiar los conceptos sobre las CC.GG. que nos aclararán su conocimiento y su extensión.

Acotar campos

Como sucede en otros campos del conocimiento, el investigador en CC.GG., debe acotar su trabajo para poder acometerlo con razonable éxito.

— En primer lugar, nos encontramos con la selección de una disciplina científica dentro de las CC.GG. que, por supuesto, habrá que considerar en un contexto.

— En segundo lugar, es necesario delimitar el objetivo concreto, que estará bien definido según las características de cada proyecto y lo que esperamos conseguir.

— Posteriormente, el investigador tendrá que servirse de otras ciencias, como auxiliares de la principal. Eso, por un lado, le permitirá profundizar en su campo de estudio y conocerlo a fondo, sin restricciones.

Y, por otro lado, le proporcionará la confianza para delimitar y profundizar, que son claves para desarrollar los cauces apropiados de la investigación y la especialización, sin excluir el conocimiento de apoyo que proporcionen otras ciencias.

Esta forma de progreso del trabajo investigador sólo presenta la novedad de destinarse a un nuevo campo de estudios, pero se trata del tradicional método de investigación que se apoya a su vez en la labor de otros científicos. En realidad, no es nada nuevo, tiene más de trescientos años, y es la aplicación del Segundo Principio de Kant, quién señalaba que: «En los hombres, aquellas disposiciones naturales que apuntan al uso de su razón se deben desarrollar completamente en la especie y no en los individuos[12]». Es un método sencillo y útil: se trata de trabajar con la seguridad de que otros individuos han realizado bien su trabajo. Es decir, debemos confiar en lo que otros hombres han desarrollado e inventado, porque en una sola vida no podemos volver a aprenderlo y experimentarlo todo, sino que, por el contrario, se hace necesario seleccionar, acotar y definir para plantear adecuadamente nuestra investigación. De ahí la importancia de escoger con un criterio muy estricto tanto las primeras fuentes como los investigadores sobre los que apoyaremos nuestro trabajo.

Por lo tanto, cada trabajo de investigación debe disponer en sus inicios de una adecuada definición de su propio campo de análisis, y presentar los siguientes tres requisitos que son básicos para su desarrollo:

> **Objetividad**: Datos, datos, datos. Pruebas de las afirmaciones. La ciencia se construye sobre la espalda de otros investigadores, unos siempre han de trabajar sobre otros, y otros lo harán sobre nuestros pasos, como ya hemos visto que señalaba Kant. Es imprescindible que este camino, que al fin y al cabo hacemos todos juntos, tenga una base sólida, y si la debemos desarrollar entre todos, debemos confiar, por un lado, y a la vez investigar concienzudamente y demostrar inequívocamente nuestras tesis para que a otros también les resulte útil este método.
>
> **Especificidad**: Nuestro objeto de investigación debe estar muy bien definido y determinado. Nuestros argumentos y conclusiones estarán dictados al respecto, evitando divagar o provocar el letargo del lec-

---

[12] E. Kant., *Filosofía de la Historia*, Madrid, 1992, pp. 42.

tor. Concisión y delimitación. Y en primera instancia, un trabajo de síntesis que nos permita explicar brevemente nuestra tesis y las conclusiones, sin perjuicio de que posteriormente pueda ser ampliado y explicado detalladamente.

Utilidad: El trabajo que desarrollamos debe ser útil para la ciencia. Debe ocupar un espacio propio y proporcionar sustento al gran proyecto humano que tenemos en común todas las generaciones con respecto al conocimiento. Y de nuevo enlazamos con el método tradicional no solamente de buscar la utilidad del trabajo de otros, sino de ofrecer algún beneficio con el nuestro. El investigador que no publica, que guarda sus resultados sin compartirlos resulta inútil, independientemente de la calidad de su trabajo. Mantener ocultas una serie de tesis sin compartirlas con el mundo científico provoca la ineficacia del esfuerzo y la merma del conocimiento. El bien común se ve perjudicado por este comportamiento, que es un proceder desigual, ya que mientras que el investigador se beneficia sirviéndose del trabajo común para avanzar en su conocimiento, no produce nada en beneficio de la comunidad.

3. EL MÉTODO EN CIENCIAS GASTRONÓMICAS

En cuanto a la importancia del método, es perceptible que al acercarnos a un campo que aún no ha sido analizado a fondo, se hace más complicado crear estructuras. Desde luego, los caminos que son muy tratados por distintos investigadores son más conocidos, y por tanto, el recorrido es más fácil; pero aun así, y entendiendo las dificultades de nuestro caso, es imprescindible realizar el análisis necesario. Lo fundamental es establecer un método que pueda aplicarse fácilmente e ilumine este sistema de pensamiento. Sin duda alguna, y partiendo de una buena base, a lo largo del camino se irá puliendo y mejorando.

Por otro lado, es fundamental proveerlo de una metodología adecuada porque facilitará la didáctica de las ciencias que están vinculadas entre sí y, por tanto, nos permitirá, a corto plazo, ordenar y sistematizar. Y además, nos proporcionará las herramientas para desarrollar una didáctica de forma correcta.

> En la medida de lo posible, la didáctica debe estar estandarizada, con el fin de que sea realmente útil al aplicarla. Y también con el objetivo de proporcionar un cauce al conocimiento que se implemente a través de los sistemas educativos.

El acercamiento de la gastronomía al mundo de la enseñanza durante los últimos años nos demuestra que los planes de estudios superiores en este campo adolecen de un criterio metodológico común, lo que dificulta el desarrollo de la estructura de la propia docencia. Y con frecuencia, esto produce confusión para el profesorado cuando se trata de generar el diseño de dichos planes, ya que se ven sometidos a la dictadura de lo muy pequeño, o a la vaguedad del exceso de amplitud. Y por su parte, para los alumnos, la confusión es igualmente evidente, y observan con pesar cómo bajo idénticas denominaciones se ofrecen estudios de muy diversa composición, objetivos y calidad.

QUÉ ES EL MÉTODO

Literalmente, el método es el camino hacia el conocimiento. Es el proceso mediante el cual se desarrolla cualquier investigación. Consiste en la aplicación de una serie de procedimientos concretos —cada disciplina utiliza los suyos propios— para realizar correctamente el análisis, y mediante él alcanzar el objetivo final, que es el conocimiento en su plenitud. Pero a su vez, estos procedimientos deben estar regulados y organizados. Y deben ser abiertos y dinámicos, disponiendo de flexibilidad y posibilidad de modificación en la medida de las necesidades, de los descubrimientos y de otros factores.

Desde luego, lo más deseable sería que las bases estuvieran tan bien construidas que no fueran forzosos los retoques. Eso permitiría un extraordinario avance, pero quizás sea prudente aceptar que es posible que no siempre ocurra así, porque el propio desarrollo de la investigación resulte, ocasionalmente, tan extraordinario que sea capaz de plantear algún cambio sobre las bases con las que se comenzó a construir. En cualquier caso, la creación de un método procurará al investigador un sistema válido de construcción para sus teorías, y será una herramienta de gran utilidad. Es decir, dentro de la existencia del método y del sistema de trabajo, aceptemos que la casuística pueda requerir flexibilidad, y habrá que contemplar las excepciones que si bien serán eso, singularidades y no normas.

Ya hemos visto que el análisis de las CC.GG. es expresión de cómo funciona una sociedad, de su grado de avance, de su progreso y de su cultura. Y tendrá necesariamente que servirse de sus ciencias auxiliares e incluso de la metodología propia de otras disciplinas como son la química, la agricultura, la medicina o la historia, entre otras. En cualquier caso, tendrá como referente primero al ser humano, a partir de la vinculación que este mantiene con el alimento como fuerza primigenia de sostén vital y de crecimiento. Así, por ejemplo, para conocer el estado de nutrición de grupos humanos históricos, nos servirán como ciencias auxiliares el estudio de la paleopatología y el paleoclima, así como las fuentes históricas si existen.

Por su parte, la cantidad de fuentes de información es tan rica y variada que requiere muchos métodos diferentes de trabajo, hasta tal punto que es realmente importante saber cómo organizarlos, estructurarlos y extraer todas sus posibilidades. Lo analizaremos al hablar de la heurística.

Resumiendo estas ideas, ¿para qué utilizar un sistema metodológico?

1. Para proporcionar un orden interno, así como para proveer de coherencia y cohesión intelectual a la propia ciencia.
2. Para facilitar la didáctica, imprescindible para formar expertos en materia de CC.GG.
3. Para posibilitar la investigación, que a su vez nos permitirá avanzar en el conocimiento de las CC.GG. y en su desarrollo ordenado. La progresión del trabajo será entonces regular, efectiva y producirá buenos resultados.

La aplicación de un sistema metodológico en este campo es imprescindible porque alrededor del alimento se generan una gran cantidad de interacciones entre campos del conocimiento, ya que se trata de un entorno muy dinámico. Tengamos en cuenta que por una parte los propios alimentos son productos con un desarrollo orgánico, biológico, pero también hay técnicas humanas relacionadas con estos. Incluso hay objetos vinculados con su producción, desarrollo y transformación, y existen comportamientos humanos alrededor de él. También se implican con el alimento complejas relaciones sociales. Además, todos estos hechos tienen una historia y por lo tanto se producen una serie de procesos, tan complejos, que requieren una seria reflexión con respecto a las CC.GG.

> A lo largo de este proceso vamos observando la complejidad de las CC.GG., ya que su esencia no responde en exclusiva a ninguno de los términos de las ciencias humanas, sociales o tecnológicas, sino que es un compendio de diferentes partes de todas ellas.

Al referirnos en el título de esta obra al método y al oficio, hablamos del estudio de las CC.GG., con el objeto de conseguir que estas no resulten mera crónica de acontecimientos o una ocupación entretenida para recolectores de noticias, sino muy al contrario, y con toda la intención de quebrar esa línea simplista, iremos más lejos. Trataremos de provocar una reflexión consciente y premeditada sobre las CC.GG., con el fin de poder realizar el análisis de los acontecimientos, y para que podamos realizar una atinada búsqueda de teorías que proporcionen un cuerpo sólido al método Gastrológico. Así, el investigador en CC.GG., y los análisis que este realice, tendrán que basarse en una formación teórica que será la que facilite y proporcione luz a sus investigaciones posteriores.

Nos servirá, como señala J. Aróstegui, un método que sea un «procedimiento de adquisición de conocimientos que no se confunde con las técnicas —cuyo aprendizaje es también ineludible—, pero que las emplee sistemáticamente», y no tanto, como distingue este autor, un conjunto de recetas[13]. Nuestro método implica reflexión sobre la materia: necesitamos documentar con veracidad, autoexigencia y espíritu crítico, análisis y reflexión sobre los hechos para después poder describir comportamientos, y para que finalmente seamos capaces de establecer las teorías que proporcionen una explicación a los hechos originales.

Lo que pretendemos es que el investigador conozca cómo se construye el discurso de las CC.GG. y no tanto que solo entienda algunos hechos aislados o carentes de visión completa. Y por supuesto, que los relacione, que

---

13 J. Aróstegui, *op. cit.*, 1995, pp. 32.

los vincule y que los pueda construir en el tiempo, conociendo a la perfección sus relaciones internas.

Documentación

Los fundamentos y antecedentes pueden ser muy diversos, y podremos utilizar algunos de ellos de una forma novedosa. Incluso será necesario considerar algunas fuentes que hasta ahora apenas se tenían en cuenta, o que eran secundarias hasta el punto de quedar apartadas como posible germen de trabajo. Por ejemplo, es el caso de las cartas de los restaurantes, de los menús o de los recetarios domésticos, los cuales contemplamos como fuentes primarias singulares y útiles. Desde los primeros recetarios escritos en cuneiforme a los manuscritos de los grandes cocineros de la Edad Moderna, y finalmente, la auténtica legión de recetarios que hay hoy en día. Los recetarios conforman una literatura de un género especial, no ficción, claro, que expresa las características de la cocina y la técnica asociada en una zona determinada. Y que presentan incluso cierto contenido pedagógico porque tratan de enseñar al lector, que es además aprendiz. En realidad, son una importante fuente de conocimiento para la cultura alimentaria y la historia de la alimentación, que podremos relacionar con la historia de las ideas.

Pero cuidado, por otro lado hay que liberarse de la receta para trascender el fondo de la cuestión, para caminar hacia lo que de verdad importa, que es lo que la receta, sea como sea, nos cuenta. Una receta de cocina no es nada en sí misma como no nos explique algo más sobre el plato que representa, vinculándolo con un territorio en el caso de la gastronomía local, o si es producto de la cocina internacional, cómo funciona y de qué manera encaja en su tiempo y quién es su autor. También debe hablarnos de las posibilidades, inclinaciones y desarrollo tecnológico de la sociedad que consume los platos preparados con esa receta.

> Al fin y al cabo, la receta no es nada más y nada menos que un manual de instrucciones, con variaciones personales, locales e históricas.

Por lo tanto, su valor hay que aquilatarlo cuidadosamente, recurriendo a la comparación con otras recetas similares en el espacio y en el tiempo, y mediante el uso de otro tipo de documentación. Habrá que aprender a leer estos registros de forma apropiada.

En primer lugar, hay que dominar el contexto histórico en que se genera este tipo de documentos, para interpretarlo correctamente. Y posteriormente, será necesario recurrir a una lectura muy específica de la receta, ubicarla con oportunidad y desentrañarla, calibrando lo que nos cuenta sobre los medios técnicos, sobre la producción agroalimentaria, sobre el estilo de vida en el entorno en que se consume y la profesionalidad y habilidad manual de quienes la ejecutan. Y con frecuencia, en las más antiguas, teniendo en cuenta, incluso, no solo lo que señala, sino lo que omite.

Y como en otras ciencias, se hace necesario recurrir a los autores acreditados, citándolos correctamente; ya hemos hablado de la importancia de construir sobre investigadores rigurosos. En nuestra sociedad actual ocurre que alrededor de casi cualquier tema, como sucede en las CC.GG., hay innumerables voces. Y desgraciadamente, debido a la cercanía y cotidianeidad del alimento, esto sucede aún más vivamente en este campo, lo que se trasluce en trabajos realizados por personas con escasa formación y profundidad de conocimiento. Esto genera, por otro lado, una deficiente divulgación que propaga medias verdades, leyendas urbanas y mitos de todo tipo, que son para la ciencia aún más inicuas que las falsedades evidentes.

Desde luego, es difícil acotar la intromisión profesional, pero a pesar de todo, se debe tratar de luchar contra esta. La llegada de profesionales a estos campos, la aplicación de la metodología más estricta, y la consideración científica de este conocimiento, serán los factores que delimitarán, mejorarán y harán avanzar las CC.GG. porque los profesionales, sencillamente, estarán mucho mejor formados y serán capaces de llevar a cabo una buena investigación y divulgación.

4. DIDÁCTICA DE LAS CIENCIAS GASTRONÓMICAS

Como hemos visto, todas las ciencias disponen, para su óptimo desarrollo, de un método que las distingue. De manera que si queremos tratar rigurosamente y con un corpus coherente a todas las ciencias con las que se construyen las CC.GG. debemos formular, por una parte:

1. Una correcta exposición de las teorías principales, o *teoría constitutiva*[14], construida sobre los resultados de los análisis proporcionados por los investigadores.
   Esta teoría explicaría cómo se manifiestan las CC.GG., qué representan y cuál es su significado. Además, debería definir su naturaleza y promover la elaboración de un concepto de las CC.GG., con algunas preguntas como: ¿Cuáles son las leyes principales?, ¿se pueden elaborar teorías con respecto a ellas?, ¿hay leyes que se repiten?, ¿cuáles son?, ¿con qué frecuencia?, ¿cómo lo hacen?, etcétera.

2. Desarrollo de una definición de la disciplina, con la descripción de sus partes y exposición de su estructura, así como del proceso de trabajo. Será necesario explicar cómo se articulan sus conocimientos,

---

14 J. Aróstegui, *op. cit.*, 1995, pp. 41.

cuáles son sus logros más importantes y su historia. Además se detallarán los conflictos con que se han encontrado los investigadores y cuál ha sido en cada caso la resolución.

Teniendo en cuenta estos dos aspectos, podríamos dar curso a los manuales de trabajo sobre los que fundamentar teóricamente la disciplina, destinados a profesionales, estudiantes y docentes. Todos estos contenidos podrán ampliarse, crecer y ser fructíferos siempre que la base de trabajo esté bien organizada, con los campos que conforman las CC.GG. bien definidos, y aporten una historia clara y sin confusiones, delimitada y estructurada. De esta forma se estructura la Teoría de las CC.GG. que se desarrolla a continuación.

Teoría constitutiva de las CC.GG.

Esta teoría se asienta sobre ciertos principios básicos caracterizadores. Estos no son modificables y cada uno de ellos resulta imprescindible para el conjunto. Su estabilidad es la clave que les permitirá crecer y que favorecerá la permanencia del conjunto de los estudios que acometamos, al estar regidos por idénticas bases de trabajo. Serán lo suficientemente firmes como para que lo que se construya permanezca, pero también lo necesariamente flexibles y amplios como para que puedan tener cabida los nuevos hallazgos o matices que consideremos necesarios. Así, y concretando sobre la complejidad de nuestro objeto de estudio, podemos decir sobre las CC.GG. que:

—Se trata de un conjunto de ciencias, no de una ciencia, lo que significa que dominar la interdisciplinariedad resulta imprescindible. Para mayor complejidad, en ellas se entrelazan, como hemos visto, un conjunto de ciencias humanas y de la naturaleza, por lo que necesitaremos herramientas diferentes, así como una divergente aplicación de estas.

—Por tanto, la comunicación entre distintos campos científicos se hace ineludible y necesaria.

—Las CC.GG. son manifestación, tanto en su origen concreto como en su aspecto final y más genérico, de todos aquellos campos que se asocian con el alimento y que lo exponen o lo estudian, que lo producen o lo representan.

—Las CC.GG. encarnan la vinculación más estrecha del hombre con la Naturaleza mediante actividades concretas como la extracción, recolección, producción, selección y uso de los alimentos gracias a los que el ser humano sobrevive. Carecen de sentido si no se relacionan en ambos sentidos, con el hombre y con su entorno. No es el alimento, no, sino de qué forma el alimento se convierte en parte de la vida humana y cuál es su procedencia, transformación o viaje hasta nuestra mesa. Por ejemplo, sería absurdo estudiar una receta sin conocer el tiempo y el entorno del que provienen, ocurriría exactamente lo mismo que si se descontextualizara una pieza arqueológica de su ámbito. Pierden —pieza y receta— su sentido, su significado, así como las posibilidades para una posible explicación.

—Se puede alcanzar el conocimiento parcial de cualquier fracción de las CC.GG., pero es necesario no perder la visión general para concebir los problemas en su totalidad y complejidad.

— El investigador de las CC.GG. tiene una obligación tanto con los hechos pasados como con los presentes. Esta consiste en verificar la exactitud y comprobar cada detalle del relato, proporcionando un cuerpo de hechos verificados en el que no tengan cabida las opiniones. Y tendrá en cuenta que las causas y los orígenes son aspectos diferentes.

— El desarrollo de cada método dependerá de la materia de trabajo, pero finalmente podremos formular por inducción los principios generales. Esto se conseguirá interrogando a las fuentes con las cuestiones correctas, de la forma adecuada. Y volvemos al ejemplo de la receta: esta no nos dirá nada si no sabemos inquirir bien, porque no es suficiente recolectar datos, hay que saber interpretarlos.

— Las CC.GG. se encuentran en continua construcción. Hay que permanecer atentos al presente, a los nuevos descubrimientos e invenciones, así como a la óptima argumentación de los diferentes razonamientos

— Las CC.GG. son uno de los hitos que marcan una nueva era en la historia humana y en el desarrollo de la cronología tradicional. El siglo XXI, con sus avances y sus logros, sus cambios y sus tragedias, es el inicio de la Era tecnológica[15]. Esta nueva Era, más allá de la Edad Contemporánea, presenta una serie

---

15 Los nuevos tiempos en los que ya nos encontramos inmersos, y que están caracterizados por la implantación de la tecnología en la vida cotidiana. Realmente son una época diferente a la Edad Contemporánea, cuyos inicios se establecen en la Revolución Francesa.

de características que la hacen diferente al tiempo anterior. Es necesario formalizar esta nueva división de la Historia y ser conscientes de que ha llegado un tiempo nuevo, que entre otras cosas se caracteriza por una forma diferente de manifestar todo lo relacionado con los alimentos, con su producción, distribución, significado y vinculación con el hombre. Esto se explica por la estrecha coyuntura en que la cultura y las CC.GG. se articulan, y el procedimiento mediante el que ambas forman parte del desarrollo de las civilizaciones.

Historia de las CC.GG.

En cuanto al análisis histórico sobre cómo se han desarrollado las propias CC.GG., más allá del estudio de la historia de la alimentación o de la historia culinaria, es necesario examinar su carácter secuencial, así como la periodización, y de qué manera se han imbricado en ella los diferentes acontecimientos humanos y naturales y viceversa.

También la historia de la alimentación, como parte de las CC.GG., nos proporcionará contenidos sustanciales para penetrar las diversas parcelas de conocimiento. De ahí la importancia de escrutar la relación de las CC.GG. con las sociedades históricas y las circunstancias que las definen, que tendrán a su vez problemas-tipo que pueden aportar auténticas explicaciones de fondo sobre el desarrollo de los procesos históricos de las CC.GG.

Hay dos pasos que fundamentan el método de estudio de la historia de las CC.GG., y es fundamental que sigan este orden:

1. En primer lugar, se debe proceder a la ordenación de todas las materias, submaterias y disciplinas de apoyo que nuestra fracción de estudio de las CC.GG. pueda requerir. Como ya hemos visto anteriormente, habrá que acotar y definir el campo de trabajo, y a la vez vincularlo con las ciencias auxiliares.

2. Definir la secuencia de aparición de las diferentes cuestiones relevantes de la Historia de las CC.GG. Es decir, señalar los problemas y los acontecimientos considerándolos en su contexto y enlazados con la época en que se desarrollan. Y por supuesto, no olvidar la historia social ni el desarrollo tecnológico y científico.

La historia de las CC.GG., por tanto, está por escribir de una forma completa. En cualquier caso, podremos seleccionar la franja temporal que más nos convenga. Respecto a sus comienzos, sin embargo, nos encontraremos con el problema de la definición sobre el momento en que se inician, porque no ha sido un fenómeno rompedor, sino más bien se ha desarrollado como un proceso lento y progresivo. Y en realidad, podemos hacernos muchas preguntas como ¿situamos el fuego como primer hito? O, ¿hablamos mejor de instrumentos? O, incluso, ¿de selección de alimentos? En cualquiera de los casos, los descubrimientos crean de forma rupturista esos escalones en el avance del conocimiento de las CC.GG. Un modelo de aparición imprevista, por ejemplo, fue la aparición de la *Nouvelle Cuisine* a mediados del siglo XX, como un fenómeno transgresor (que entonces sí lo fue) con respecto al estilo de cocina anterior a la II Guerra Mundial. Posteriormente, y gracias a él, se abrieron para las décadas posteriores enormes posibilidades en el desarrollo de métodos culinarios. En cualquiera de los casos, estos conceptos funcionan visualmente mejor si los representamos en un gráfico en forma de escalones, que como una línea progresiva. Sencillamente porque los descubrimientos, la publicación de documentos, la aparición de personajes, etcétera, marcan de forma inmediata un nuevo peldaño, elevándose sobre el conocimiento precedente.

Este gráfico, por ejemplo, es un sencillo modelo de cómo se producen esos saltos en forma de escalón a lo largo de la historia de la alimentación.

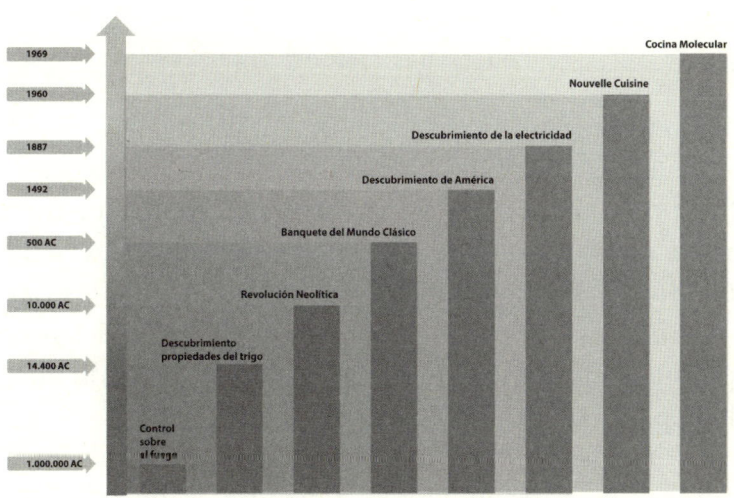

O incluso podemos decir que convivirían los dos tipos de líneas —progresiva y escalonada— alternativamente en distintos campos del conocimiento dentro de las propias CC.GG. Por ejemplo: si bien los médicos en la Antigüedad tuvieron una gran preocupación por la influencia de la alimentación en la salud, el siglo XX ha sido la época en la que el avance científico ha conocido un enorme progreso, con el descubrimiento de una serie de sustancias, o de procesos que modifican para siempre todo el conocimiento anterior. Desde la bioquímica del cuerpo humano al ADN. Sin embargo, para llegar hasta aquí ha sido necesario atravesar la cuesta del conocimiento, larguísima y escasamente empinada durante muchos siglos. Y aparece el cambio repentino, de forma imprevista y en solo cien años se han generado una serie de importantes escalones en el conocimiento, que han llevado a esta ciencia a un progreso exponencial, y que presenta una serie de vinculaciones con otras áreas del conocimiento.

UN NUEVO LENGUAJE

Que no es estricta ni necesariamente completo, como resulta obvio, ya que no se trata de crear una nueva lengua. Sólo necesitamos apoyos bien fundamentados para poder expresar adecuadamente un nuevo estilo de entender esta ciencia, mediante una forma de expresión apropiada para este campo del conocimiento.

Es innegable que una nueva ciencia requerirá el apoyo de una terminología específica, y de la misma forma que hablábamos de Gastrología, hablaremos de Sistema Alimentario, de Revoluciones Alimentarias, o del Recetario como fuente de conocimiento. También de la Dinámica Histórica, e incluso de términos nuevos en cocina que ya forman parte de nuestro día a día, como ha ocurrido con los vinculados con la tecnología culinaria (microondas, nitrógeno, sellado al vacío), en el campo de la salud (contaminación cruzada, índice glucémico) o con los nuevos modos de comer propios de nuestra época (fast-food, dieta paleo, clean eating, mindful eating), incluso con la agroalimentación (agricultura biodinámica, alimentos ecológicos).

Desde luego que el objetivo no es inventar por inventar sino hallar, de acuerdo con las necesidades en cada caso, las formas de expresión más adecuadas para proveer ese cauce destinado a que concurran los nuevos aspectos del pensamiento o de la realidad, aportando expresiones que definan con exactitud los diferentes conceptos. Iremos viendo algunas de estas diferentes palabras a lo largo del capítulo, porque muchas de ellas están relacionadas con los procesos dinámicos de la alimentación como fenómeno complejo.

Y una cuestión más sobre la terminología en CC.GG., que es clave, y que aún los hispanos-parlantes no nos hemos decidido a cambiar de una vez por todas. El auge de la cocina francesa que se produjo entre el siglo XVII y se prolongó hasta mediados del XX, fue una realidad que impregnó toda Europa. Y si bien palabras tan importantes para este análisis como el término *gastronomía* no se usó hasta 1820[16], a finales del siglo XX, en las escuelas de

---

16 C. Simón Palmer *Bibliografía de la Gastronomía y la Alimentación en España*, Madrid, 2003, p. 13, recoge la primera vez que se utiliza este término en nuestro país, que fue en dicho año 1820, con la publicación de José Urcullu de la traducción del poema de Joseph Berchoux *La gastronomía o los placeres de la mesa*.

cocina del continente, aún se seguía utilizando toda esta terminología de origen francés como: *batonnet, chiffonade* o *chef*. Poco a poco, el resto de los términos de cocina se han ido abandonando y utilizando las correspondientes palabras en español, pero este *chef* se ha enquistado de forma casi imposible de eliminar. Debemos reconocer que la Real Academia de la Lengua lo ha incorporado a nuestra lengua, y aunque sin menospreciar dicha incorporación, es preferible la expresión *jefe de cocina*. Y desde luego, me declaro defensora de las palabras cocinero y cocinera, animando a que se retomen sin miedo, porque son expresión de una muy digna ocupación.

LA ALIMENTACIÓN ES UN FENÓMENO DINÁMICO

La alimentación es un fenómeno dual, ya que, si bien por una parte es dinámico, está definido a la vez por un carácter de permanencia en algunos aspectos. Surgen novedades que se aceptan, que forman parte de ciclos que tienen que ver con modas y con la inclinación humana por el cambio, así como por la novedad que representan. Y mientras algunas de ellas llegan para quedarse, otras se olvidan. Es decir, la alimentación es un hecho flexible, cambiante y permeable.

Pero no solamente la novedad es fundamental en la comprensión del hecho alimentario, también tiene una gran importancia la tradición: lo que se ha comido en la infancia tanto del individuo como de una sociedad, culturalmente hablando, a lo largo de la vida de esa persona o de dicha sociedad, en definitiva, de la historia. En las CC.GG. no todo es evolución y cambio constante, de hecho, muchos hábitos y comidas milenarias llegan casi intactos a nosotros, marcando una línea de continuidad definida a través del tiempo entre los pobladores de zonas concretas y acotadas.

Lo más habitual es que se acepten las novedades y que se integren en el Sistema Alimentario sin rechazar las tradiciones. Es decir, que se añadan las flamantes novedades a las comidas que ya son cotidianas (también pueden ser técnicas, hábitos, condimentación, etc.) aunque, por supuesto, es posible modificar el estilo de consumo de los más frecuentes, lo que se puede observar en las cantidades, en el tratamiento y combinaciones o incluso en el paradigma de preparación.

Desde luego, algunos otros productos se terminan desechando por considerarse primitivos, rústicos o de inferior calidad que los recién llegados. Observamos ambas posibilidades: Por un lado, pondremos un ejemplo de esta permanencia, la tríada mediterránea como modelo alimentario, así como las combinaciones, elaboraciones y presentaciones preparadas con estos tres productos (pan, aceite y vino) que se han exhibido en la mesa a través del tiempo[17]. Es un modelo milenario que ha funcionado desde que se comenzaron a cultivar los productos de origen, y que aún sigue representando nuestro modelo alimentario. Este ejemplo de Sistema Alimentario que entrelaza una cultura con un cereal se repite en distintas cultu-

---

17 La tríada mediterránea proporciona forma física no solo a los alimentos clásicos del Mediterráneo. También tiene un aspecto inmaterial, por el que representa los símbolos de una religión, a los alimentos espirituales cristianos: el aceite, el pan y el vino. Estos significan no solamente un tipo de alimentación, sino que son la forma de expresión de una cultura heredera del mundo romano, cuyas bases alimentarias continúan funcionando. Además son parte de un Sistema Alimentario, simbólicamente, expresando así la continuidad a través del tiempo de algunas tradiciones cuyas raíces se encuentran en la Antigüedad Clásica.

ras, y así, por su parte, el maíz continúa representando el alimento básico para una gran parte de la población iberoamericana. Y con el arroz sucede lo mismo en el mundo asiático. Podemos decir que con diferentes variaciones y con numerosas mejoras técnicas de carácter agronómico y culinario, estos productos siguen siendo la base de la alimentación de las distintas culturas desde hace miles de años. Tanto la tríada mediterránea como los cereales vinculados con distintas civilizaciones son un modelo de permanencia.

Y mientras algunos, como los anteriores, persisten durante milenios, otros productos que en su momento fueron objeto de consumo humano, quedan abandonados. Algunos por influencia de las modas, pero otros por causas más significativas. Es el caso de aquellos alimentos que representan tan alto grado de primitivismo que son rechazados por una cultura: la bellota, por ejemplo, que ya en el siglo I de nuestra Era simbolizaba a la Roma más antigua, así como a las poblaciones íberas en España[18]. Fue incluso objeto de alusión por parte de los satíricos y poetas de época romana posterior, que aún concebían este fruto como lo más bajo que un ser humano podía comer. Hoy no se comen las bellotas, o al menos no forman parte de preparaciones culinarias de ningún tipo. Se abandonan para consumo de los animales en el campo, principalmente para alimentar a los cerdos. Y más allá,

---

18 J. Pereira Sieso y E. García Gómez, «Bellotas, el alimento de la edad de oro», *Arqueoweb* 4, 2, 2002, pp. 4, analizan en su artículo el simbolismo de las bellotas, a las que denominan «el alimento de la edad de oro». Por su parte, las fuentes citan en numerosas ocasiones a las bellotas, Virgilio las menciona como parte de ese mundo del pasado, vinculado a la tierra feraz —Virg., *Georg.*, 1, 150; 305—. Igualmente hacen en el mundo griego Homero o Hesíodo, y en el romano Herodoto o Estrabón, Homer., *Odis.*, 10, 242; Hesiod., *O.D.*, 233; Hippo., *R.*, 55; Herod., *Geog.*, 1, 66; Strabo., *Geog.*, 3, 3, 7; 15, 3, 18-.

incluso, suponen un auténtico símbolo alimentario de lo más rústico y bajo que un hombre puede consumir. Tabú, de alguna forma, era el «alimento para los cerdos» y no para las personas, cuando la bellota hubiera podido ser un producto alimentario más dentro de los muchos que existen en los bosques mediterráneos de encina.

Precisamente la bellota es un fruto que ejemplifica cómo el pensamiento humano y el comportamiento cultural sobre la alimentación, provocan el rechazo o la aceptación de algunas comidas que son posibles para el consumo humano. Lo comestible no es siempre objeto de alimentación, porque el hombre es dueño de una importante opción, la de rechazarlo. Esto nos indica cómo los Sistemas Alimentarios forman parte de un pensamiento, de una manera de entender la vida y la comida, así como de comportarse ante las posibilidades alimentarias.

Entre los Sistemas Alimentarios característicos del Mediterráneo, podemos observar esta selectiva actitud sobre algunos alimentos que han sido comestibles, que tienen capacidad de transformación —como en el caso de la bellota, cuyo fruto crudo o hecho harina, preparado en conserva, guisado, etc.— y que sin embargo pierden su valor, culturalmente hablando, hasta llegar a ser únicamente esa *comida de cerdos*, no humana.

Por otro lado, la pervivencia de ciertos alimentos, técnicas o preparaciones que han permanecido a lo largo del tiempo, especialmente aquellos que definen de forma clave una cultura, resultan cruciales para comprender cómo se produce este fenómeno. Por ejemplo, tenemos la tríada mediterránea del mundo clásico, un fenómeno en el que se repite la ya señalada continuidad de uso de algunos alimentos, y que finalmente se ha convertido en el modelo alimentario mediterráneo. Tríada que proporciona incluso forma física a los alimentos espirituales cristianos: el aceite, el pan y el vino, que representan no solamente una forma de alimentarse, sino que son expresión de una cultura heredera del mundo romano, cuyas bases alimentarias continúan funcionando. Así, dicha tríada, además de formar parte de un Sistema Alimentario de forma simbólica, expresa la continuidad de algunas tradiciones a través del tiempo, cuyas raíces se encuentran en la Antigüedad Clásica.

Tengamos en cuenta que, en cada uno de los casos, moda o símbolo de primitivismo, el abandono del consumo de ciertos productos es cuestión de utilidad, de facilidad de producción y de capacidad nutritiva. Pero, además, de un factor mucho más delicado, que es lo que piensa el hombre sobre sí mismo en relación con dicho producto.

La permanencia de algunos alimentos, técnicas y platos a lo largo del tiempo nos facilita el hilo conductor de la alimentación heredera de culturas más antiguas. Aunque el Sistema Alimentario actual es una compleja mezcla de internacionalización de las comidas, fruto del desarrollo industrial y comercial, también es hijo de la búsqueda por hábitos más saludables, respondiendo en cierta manera a las características de algunas costumbres originadas en la cultura del mundo clásico, que es el germen del mundo occidental. Este es el Patrimonio Alimentario, heredero de muchas culturas, encrucijadas históricas y hasta de casualidades, en una zona concreta. Una forma de patrimonio que caracteriza a diferentes ciudades, países y hasta pueblos, y que requiere ser perfilado y rescatado con mucho cuidado y precisión, ya que es una parte importante de las historias locales y nacionales.

Con respecto a este concepto de Patrimonio Alimentario, en otras ocasiones se ha señalado la importancia de Roma como cultura unificadora en toda Europa y creadora, además, de una organización agroalimentaria y comercial —y por tanto alimentaria y gastronómica— altamente eficiente[19]. Su gran valor se encuentra en que, sin llegar a erradicar los hábitos alimentarios anteriores, los suyos se asentaron en los territorios más profundamente romanizados, y en que llegaron a formar parte de los Sistemas Alimentarios de estos nuevos espacios geográficos conquistados. La fórmula consistió en vincular los nuevos hábitos con las esferas del poder romano sin renunciar al pasado local de cada lugar. Añadiendo sin restar, y facilitando con esto la libre selección de costumbres y alimentos, así como el crecimiento y el desarrollo paulatino e individual de cada una de las tradiciones locales que en primera instancia, además, eran tan dependientes del territorio. Después de la caída de Roma, se produjeron pérdidas en lo referente a la cultura alimentaria, pero por otro lado también pervivieron otros hábitos, como por ejemplo el modelo de banquete romano, que persistiría en el banquete galo-romano de época tardía y medieval. O el modelo de consumo de la tríada mediterránea, efectivo desde entonces hasta la actualidad.

Por esta razón se hace necesario el análisis completo que señalábamos en el apartado sobre la historia de las CC.GG. Con el fin de obtener una periodización en relación con las diferentes etapas de la historia de la alimentación, que a su vez nos facilitará la concurrencia con el estudio de las diferentes culturas, con la historia económica,

---

19 Conferencia impartida sobre «Alimentación y Élites en Roma», IV Congreso Internacional de Gastronomía, Sevilla, 2002.

tecnológica y social, e incrementará el conocimiento que tenemos de cada una de esas etapas históricas.

A través de dicha temporalización, podremos integrar el conocimiento de todos esos aspectos vinculados con el Sistema Alimentario —como son los descubrimientos, los viajes de exploración, las campañas militares, etc.— de forma diacrónica a través de los estudios históricos. Esta integración facilitará que el conocimiento sobre cualquier Sistema Alimentario sea exacto y esté adaptado a cada una de etapas en que lo fraccionemos. Cada una de ellas, además, representará diferentes momentos históricos y por lo tanto, estará caracterizada por distintos aspectos ideológicos y prácticos: desde la filosofía a la religión, incluso la forma de entender la comida en común o la aportación de diferentes alimentos y técnicas al ámbito culinario.

En definitiva, se trata de conocer de qué forma se imbrican en cada caso las correlaciones entre la evolución histórica y el Sistema Alimentario y, sobre todo, cómo será posible representar la explicación de la interacción entre ambos fenómenos. A través de su estudio debe ser posible comprobar la estrecha relación del Sistema Alimentario con la historia de una determinada cultura, y cómo se implican simultáneamente en idéntica evolución. Esta aportación sobre los lazos que unen ambos aspectos permite conectar conocimiento tecnológico, hábitos sociales, Dinámica Histórica, desarrollo político y pensamiento, englobando estos y otros aspectos con un progresivo Sistema Alimentario siempre en movimiento. Puede ser de gran interés utilizar en este momento una serie de explicaciones gráficas en forma de mapas, esquemas, etc., a través de los que observar las transformaciones del Sistema Alimentario, para visualizar de forma sintética los complejos procesos por los que atraviesan dichos cambios.

Veamos un ejemplo. Surge un interesante modelo de esta evolución en el mundo romano, cuando entre los siglos II al I a. C. se promulgaron diferentes leyes para evitar los excesos suntuarios. El aspecto ideológico resulta clave para comprender cómo se desarrollaron esta serie de cambios, ya que el gobierno entendía que era necesario limitar lo que se consideraron hábitos desproporcionados, debido a que estas nuevas costumbres tenían una repercusión directa sobre la moral social[20]. En este caso disponemos de dos aspectos relevantes para analizar:

En primer lugar, la existencia de una legislación que controlaba y moderaba el lujo suponía una gran tensión entre gobernantes y gobernados[21].

En segundo lugar, la implantación de esta legislación sugiere que existía un impulso casi incontrolable hacia el consumo de bienes de lujo entre el sector de la población que requería este control.

Estos dos antecedentes explican que se produjera dicho movimiento de regulación y restricción de los impulsos del hedonismo, con ese característico tono moral y autoritario propio de este momento histórico. Por lo que, la existencia de dichas tendencias en la población y la regulación de ellas por parte de la administración, señala la tensión inconfundible que define una época de cambios, incluso por encima de un tipo de restricción normativa de

---

20 Lo que significa para G. Dari-Matiacci y A. Plisecka, «Luxury in Ancient Rome: Scope, Timing and Enforcement of Sumptuary Laws», *Legal Roots* 1, 2010, pp. 192: «According to ancient authors (Macrob., *Sat.*, 3, 17, 10), sumptuary laws were intended to counter the spread of luxury and restore the moral and physical health of Roman citizens».

21 En idéntico sentido, para M. Beer, *Taste or Taboo. Dietary choices in Antiquity*, Trowbridge, 2010, pp. 159-160, es clave dicho aspecto, y en primer lugar, la existencia de una legislación que regulara el lujo suponía una tensión entre los gobernadores y los ciudadanos.

carácter simple. Y como dato de mayor interés, nos consta que la alimentación y todo lo afín al acto de comer se convirtió en fiel reflejo de uno de los aspectos más visibles de dichos cambios en relación con el lujo de la mesa, preparación de las comidas y existencia de cocineros profesionales. Desde luego, esto apoya la tesis que explica cómo los cambios sociológicos puestos de manifiesto a través de la alimentación resultan una de las claves para reconocer las transformaciones de la Dinámica Histórica.

El Triángulo Alimentario

Articulando estos diferentes aspectos, podemos visualizar en forma de triángulo la relación entre los componentes del Sistema Alimentario. En cada uno de los vértices colocaremos uno de los elementos que intervienen en el acto de alimentarse, y que son: alimento, individuo y entorno.

Y es que comer no es solamente llevarse los alimentos a la boca y tragarlos. Es un acto complejo que afecta a otros muchos aspectos vitales y físicos, e incluso abstractos. No se trata de un acto restringido únicamente a seguir los pasos de una receta o a deglutir el alimento, sino que antes de todo, es un sistema de pensamiento que atañe incluso al sistema de creencias —filosofía y religión—, y muestra connotaciones importantes en el resto de los aspectos vitales.

Alimentarse también es una forma de manifestarse en sociedad. Para que se desarrolle un Sistema Alimentario, del que hablaremos en adelante, es necesario que exista en primer lugar, una cultura material. Después se producirán una serie de prácticas alimentarias, y posteriormente es necesario que haya entre ellas diversidad y complementariedad. De ahí en adelante podremos hablar de Sistema Alimentario, y enriquecerlo con los matices característicos de cada época y sociedad.

Además, alimentarse, por encima del simple acto nutricional, es una cuestión de prestigio o de necesidad, que funciona a nivel social o individual y que adquiere características complejas o muy sencillas, y en la cual se interrelacionan los tres vértices del siguiente triángulo[22]:

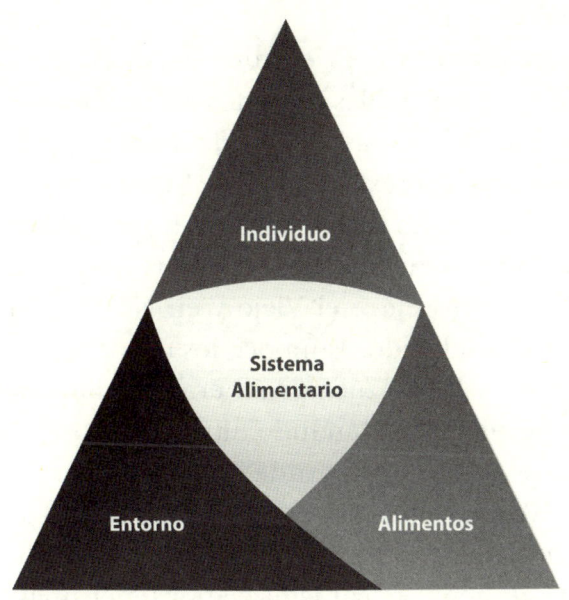

El primer vértice es el individuo, quien elige, que se encuentra limitado siempre por un entorno. Pero... la persona tiene unos gustos que le ayudan —o le conducen— a seleccionar, una salud que le impide tomar ciertas

---

22 K. Dunbabin, *The Roman Banquet. Images of Conviviality*, Cambridge, 2003, pp. 11: "In the Ancient world, to lie down to eat and drink while others stood to serve you was a sign of power, of privilege, of prestige".

cosas, o que le inclina a ellas, una profesión, unas creencias religiosas, una situación económica y un entorno social. Todos estos factores se relacionan directamente con el acto de elección de alimento. Importa en este sentido dónde y cuándo come, qué alimentos se consumen y cómo se produce este acto. Esto explica por qué el individuo no es solamente el destinatario del alimento, sino que además es capaz de ejercer una acción directa sobre este, eligiéndolo, combinándolo y modificándolo y, finalmente, consumiéndolo o no.

El segundo vértice es el alimento posible. No todos los alimentos son viables en todos los momentos: la elección está limitada a unas posibilidades que se encuentran inmersas en un contexto ecológico, histórico y geográfico. Observemos por un momento la Europa del siglo X, en la que no se comían tomates o patatas simplemente porque el encuentro entre el Viejo y en Nuevo Mundo aún no se había producido. Tampoco los mexicas podían consumir cerdo, café o azúcar. Aún eran opciones alimentarias que pertenecían al mundo ultramarino. Actualmente tampoco podemos disfrutar de especies extintas del reino animal o vegetal, como son el mamut siberiano o el *silfium* de Cirene. Todas estas, y otras circunstancias, provocan que cada alimento se caracterice por tener unas peculiaridades innatas, una historia y una singularidad características que determinan que pueda ser ingerido por el ser humano en un momento concreto[23].

El tercer vértice del triángulo es el contexto, las circunstancias que envuelven el hecho alimentario. Este

---

23 Sobre los alimentos posibles y los recursos alimentarios en ese momento histórico ver: P. Foss, *Kitchens and dining rooms at Pompeii: the spatial and social relationship of cooking to eating in the Roman household*, Michigan, 1994, pp. 8-9; D. Brothwell y P. Brothwell, *Food in Antiquity*, Baltimore,

ángulo enriquece extraordinariamente la relación entre el individuo y el alimento, porque aporta, hasta con exuberancia, unas circunstancias muy complejas. Son todos aquellos aspectos capaces de bruñir y matizar el Sistema Alimentario, como son los agronómicos, los arquitectónicos, los religiosos, los de producción, los económicos, los sociales o los políticos (en lo que comporta una regulación sobre aspectos alimentarios). También los matices aportados por la medicina, la gastronomía y la tecnología, tienen relación directa con el individuo y el alimento, y modifican definitivamente su relación. En suma, se trata de no considerar al alimento y a la persona de forma aislada, sino por el contrario, insertos en un medio que les corresponde geográfica e históricamente hablando[24].

Por tanto, el Sistema Alimentario parte de la complejidad de las relaciones entre los tres elementos descritos en el triángulo: individuo, alimento y entorno. Y de nuevo, como es natural en las CC.GG., se relaciona con multitud de aspectos en distintos itinerarios del conocimiento como son los atributos ecológicos, los agronómicos y los productivos. Además, están los económicos, los culturales, los religiosos, los tecnológicos, y por supuesto el entorno social e histórico. Sin descartar, por supuesto, los aspectos de carácter personal, en cuanto a la preferencia o rechazo de determinados alimentos.

1998, pp. 14 ss. Por su parte, G. W. Jashemsky, *A Pompeian herbal: Ancient and modern medicinal plants*, Austin, 1999, y J. André, *Les noms de plantes dans la Rome antique*, París, 1985, hacen un recuento en ambas obras de alimentos de origen vegetal, muchos de ellos de uso prácticamente perdido al día de hoy.

24 Como muestran en su obra G. Fumey y O. Etcheverria, *Atlas mondial des cuisines et gastronomies*, París, 2004, pp. 20-21.

> Con el término Sistema Alimentario se expresa el complejo mundo de la realidad en torno a la alimentación, que es más amplio y rico que el simple hecho de comer.

Y desde luego, esta expresión recoge diversas facetas que se desarrollan en torno al alimento; por ejemplo, en relación con el espacio material y con la sociedad en la que se producen. Es el caso de la existencia de infraestructuras urbanísticas y sistemas complejos como son los mercados y mataderos, el comercio, la producción, incluso el transporte o la presencia de pequeñas estructuras domésticas del estilo de las despensas o bodegas, y por supuesto la cocina y los espacios para comer, tanto de carácter público como privado. El Sistema Alimentario también integra costumbres, tradiciones y novedades de cada momento particular, como son los conocimientos en la tecnología conservera y culinaria, así como las actitudes personales y sociales ante los distintos alimentos, adoptando una serie de particularidades en relación con el pensamiento, que se manifiestan elevando el alimento de sencilla comida a símbolo religioso, social o cultural. En definitiva, transportando su significado desde cualquiera de estos ámbitos para conseguir finalmente un alimento como plasmación de un pensamiento, como forma de expresión de la intelectualidad. El Sistema Alimentario, por tanto, es un proceso dinámico que se encuentra en construcción continua y que, a la vez, y debido a la propia esencia del cambio, puede destruir en su devenir ciertos aspectos relacionados con su desarrollo.

El Sistema Alimentario corresponde al espacio interior en el conjunto del triángulo, y está delimitado precisamente por esos vértices bien definidos: individuo, alimento y entorno. Por otro lado, el interior de este triángulo no está cerrado a las novedades; muy al contrario, es permeable en ambos sentidos y es capaz tanto de renunciar a algunas circunstancias como de aceptar nuevos aspectos en relación con la alimentación. Como son, por ejemplo, la llegada de ciertos productos, la presencia de nuevas tecnologías o de diferentes modos sociales de relacionarse.

Y si además proyectamos el triángulo alimentario a través de una línea temporal, observaremos su evolución en el tiempo, durante todo el período que nos propongamos analizar. Es decir, podremos analizar la forma en que un Sistema Alimentario se nutre, modifica, toma o abandona y finalmente, proyecta todos esos cambios propios de una observación histórica de carácter diacrónico.

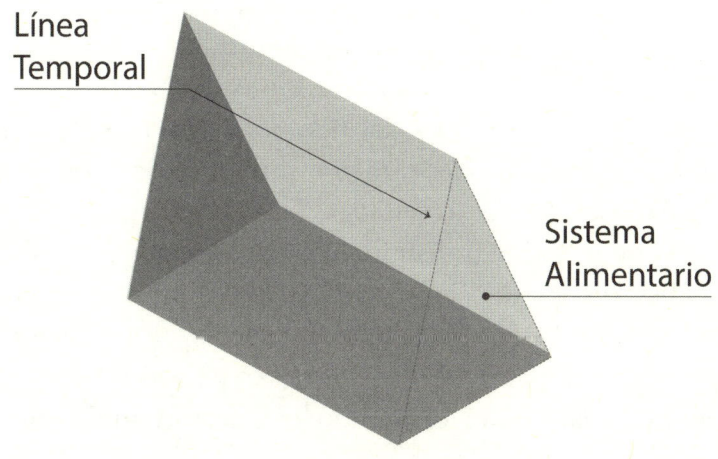

Mediante este sistema podremos analizar una trayectoria colectiva o personal, así como la construcción de las identidades culinarias y la tradición. Incluso lo que come una persona a lo largo de un día o una estación. En realidad, es un instrumento que nos servirá para el análisis de distintos factores a lo largo del tiempo, el de la llegada de nuevos productos, o para el cotejo sobre la interacción de las técnicas y diferentes aspectos que varían en el tiempo, pero que en resumen nos contará su trayectoria.

El Sistema Alimentario como expresión de una cultura

El concepto de Sistema Alimentario es fundamental, como observamos. Se trata de una noción flexible y aplicable a cualquier época histórica ya que refleja un conjunto de realidades de tipo cultural, social, tecnológico, intelectual, medioambiental o, incluso, de carácter material de un determinado momento. Y naturalmente, todo este conocimiento está dirigido a funcionar como una herramienta destinada a conocer una etapa histórica desde el punto de vista de la cultura alimentaria.

Representa el desarrollo de los aspectos alimentarios de una cultura a través del tiempo, es decir, refleja una serie de procesos de carácter dinámico, cambiantes y capaces de asumir novedades, pero también adecuados para congregar y transmitir ciertos aspectos a través de la Historia. Es un eje a través del cual se desenvuelven las diversas facetas relacionadas con la alimentación, y que discurre paralelamente al desarrollo histórico, recogiendo, adaptando, olvidando o transformando dichos aspectos, de forma que es parte de sus cualidades una constante e inevitable metamorfosis, caracterizándolo intrínsecamente.

Entre los conceptos que nos resultarán útiles para entender las CC.GG., se encuentra el de Revolución Alimentaria. Desde luego, esta expresión requiere una explicación menos compleja que la anterior, ya que exhibe un sentido propio: habla de la llegada de una serie de cambios trascendentales y turbulentos en relación con el Sistema Alimentario. Pero precisaremos más la ocurrencia de las Revoluciones Alimentarias, así como sus causas y orígenes.

En ciertos momentos de la historia se desarrollan Revoluciones Alimentarias, de la misma forma que se han producido otro tipo de revoluciones, desde la revolución neolítica estudiada por Gordon Childe a las revoluciones históricas de época contemporánea. Sin embargo, las Revoluciones Alimentarias presentan sus propias características, y no siempre se producen de forma alborotada y fracturada. En el caso de que estas sobrevengan, por otro lado, los sistemas culinarios periclitan, y la cocina que permanece después de estas revoluciones es muy diferente a la antigua. Sucedería tras la Revolución Francesa, cuando decayó el Antiguo Régimen, dotado de una cocina aristocrática y selecta, naciendo de ella tras la Revolución, un nuevo Sistema Alimentario, que crearía un diferente espacio económico, social, político y cultural. Aparecieron entonces los espacios públicos donde comer, para mucha más gente, extendiendo esa excelencia gastronómica en diversos grados para un público más numeroso. Pero incluso tras la dislocación del Antiguo Régimen, aún continuaron poniéndose en práctica algunos antiguos hábitos de carácter gastronómico, repitiéndose ciertos estilos de cocina de corte, aunque ahora para un público que no era necesariamente aristócrata, pero sí podía pagar esa excelencia.

O, también en Francia, el nuevo modelo de sociedad que surgió tras la larga recuperación después de la II Guerra Mundial, una sociedad con valores optimistas y modernos, con más transparencia y dinamismo, creadora de la *Nouvelle Cuisine*.

Quizás en el mundo moderno sí podemos hablar de la inmediatez de ciertos cambios revolucionarios, pero las Revoluciones Alimentarias en la historia son más bien procesos aleatorios que tienen que ver con la aceptación de cada uno de los cambios, y de su vinculación con la sociedad en la que se producen. Es decir, si bien es cierto que acontecen cambios bruscos, también podemos observar cómo muchas de estas revoluciones son más bien hijas del tiempo y del progreso que de un proceso rupturista que modifique los hábitos alimentarios radical y definitivamente. Un modelo de revolución alimentaria en el mundo antiguo, que afectaría a todo el Sistema Alimentario preexistente, cambiándolo de una forma radical e irreversible sería el producido sobre Roma tras la conquista de Grecia. La clave se encuentra, como ya señalaron los autores clásicos, en la forma en que «la Grecia cautiva conquistó al bárbaro conquistador[25]». Y esto se produjo en todos los sentidos, incluida también la conquista de carácter cultural originada en Roma y que afectaría de lleno al ámbito alimentario, provocando una de esas revoluciones que no tienen vuelta atrás[26].

---

25 Horacio, *Epod.*, 2, 1, 156.
26 Sin embargo, y según F. J. Navarro Santana, «Expansión e identidad: ideas y valores del imperialismo romano», en A. Caballos Rufino y E. Melchor Gil (eds.), *De Roma a las provincias: las élites como instrumento de proyección de Roma*, Sevilla, 2014, pp. 87, «Roma no desapareció humillada a los pies de los griegos, como diría Horacio en sus versos, sino que se sirvió de la cul-

En este sentido de Revolución Alimentaria, otro de los momentos históricos notorios tuvo lugar de forma muy visible tras el descubrimiento de América, y a través del intercambio de los alimentos que llamamos *de ida y vuelta*. El comportamiento europeo con respecto a los nuevos alimentos no fue homogéneo, y mientras el chocolate fue aceptado casi inmediatamente por la sociedad española y adaptado a los gustos propios —es decir, se produce una auténtica Revolución Alimentaria—, hubo dos alimentos que posteriormente se han hecho universales y que no engendraron una aceptación tan inmediata. Fue el caso de la patata y del tomate, que por diferentes motivos tardarían casi dos siglos en incorporarse plenamente a la alimentación cotidiana[27].

Y fruto de la combinación de los anteriores factores que hemos analizado, y que son los Sistemas Alimentarios, la Dinámica Histórica y las Revoluciones Alimentarias, observamos una tercera faceta, que denominamos Evolución del Gusto, y que se crea, desarrolla y establece a través de los siglos de pervivencia de una cultura. La inclinación por los diferentes sabores cambia, un matiz que resulta muy difícil registrar en los recetarios, e incluso interpretar posteriormente. Sin embargo, hay ciertos indicios que nos facilitan el acercamiento al desarrollo del gusto a través del tiempo. Son, por ejemplo, el tipo de producción agroalimentaria, las técnicas de cocinado y la prevalencia de ciertos platos. También la aplicación de una condimentación concreta y el uso de salsas determinadas. El gusto

---

tura griega, muy avanzada y superior, para difundir por el Mediterráneo valores e ideas que reflejaban la propia identidad romana».

[27] Sobre la introducción de la patata en el Viejo mundo, ver A. Villegas Becerril, *Grandes maestros de la historia de la gastronomía*, Córdoba, 2015, pp. 99-124. Sobre el tomate, de la misma autora, *El libro del salmorejo. Historia de un viaje milenario*, Córdoba, 2008, pp. 101-120.

se modifica continuamente, aunque permanecen ciertos sabores, como ocurre en el caso del entorno mediterráneo con los ahumados y las salazones, por ejemplo, mientras que en el entorno de Mesoamérica subsiste la inicial inclinación hacia los picantes, o en el caso de las sociedades orientales, la afición por el sabor umami. De nuevo, encontramos visible en el formato de permanencia/tradición, y cambio/novedad, la ambivalente característica de los Sistemas Alimentarios.

Síntesis para la didáctica de las CC.GG.

— Se tendrá en cuenta en primer instancia el objetivo clave: la definición clara, sencilla y concreta del perfil del alumnado y su campo profesional de actuación. Ese inicial razonamiento nos proporcionará el contenido de la materia en cada caso.
— Nos atendremos a la teoría constitutiva en primera instancia.
— Usaremos el nuevo lenguaje propuesto.
— Tendremos en cuenta el dinamismo intrínseco de esta materia y vinculación entre diferentes campos de conocimento.
— Se conocerán y utilizarán las herramientas propias de las CC.GG. (cap. 6).
— No basta conocer para enseñar. Hay que saber enseñar.

— El docente debe conocer las CC.GG. desde el punto de vista teórico y experimental, así como dominar las herramientas necesarias, las ciencias auxiliares y la propia materia de conocimiento. E igualmente, la metodología utilizada integrará conocimiento teórico y experiencia práctica[28].

---

28 Por ejemplo, el docente en Patrimonio, conocerá la teoría, pero también la tierra, los productos y su comportamiento. Por su parte, el historiador de la alimentación conocerá la versión práctica de las técnicas culinarias, o el especialista en marketing el producto que trata de vender, más allá de la teoría: en su producción y transformación.

5. OBJETO TÉCNICO Y REGLAS DEL ANÁLISIS EN CC. GG.

Observaremos, en primer lugar, que para definir el objeto técnico tendremos que persistir en esa idea de globalidad que es tan característica en CC.GG. Posteriormente trataremos de definir un objeto técnico común, explicable y concreto, que sea válido para todas las ciencias que componen este vasto campo, y que fortalezca ese sentido de unidad.

Llegar a definir este objeto de estudio es fundamental, porque es del que vamos a extraer el conocimiento. Tendremos que hacerle hablar, debe contarnos cosas, las cuales será necesario interpretar adecuadamente. Y este objeto de estudio, ¿cómo lo definimos?, ¿dónde está?, ¿en qué consiste?

El origen y la consecuencia de las CC.GG. son un mismo objeto, sencillamente el alimento, por lo que podemos decir que este es también su objeto técnico, la clave y la razón de que estas existan. Y sin ese objeto técnico las CC.GG. carecerían de sentido. Es suficiente para entender su importancia como aspecto central de la cuestión. Pero claro, tendremos que analizarlo y aportar con ciertos matices.

En primer lugar, este objeto técnico no representa nada si no lo consideramos en un entorno, así que su contextualización debe estar inserta en la tierra, como hemos estudiado al referirnos al triángulo alimentario.

En segundo lugar, lo consideraremos en relación con el hombre, con los procesos civilizadores y con sus actividades vinculadas con él.

Porque no tratamos de analizar el alimento en sí mismo, aisladamente. En cualquier caso, del análisis puramente físico se ocupan ciencias como la agronomía y la bromatología en distintos ámbitos —propiedades, cualidades, comportamiento, etcétera—. Por su parte, las CC.GG. deben ser analizadas de forma circular y completa, y todas y cada una de las ramas científicas que las componen deben tener idéntico objeto técnico.

La información que nos proporcione el objeto técnico debe facilitar conocimiento de interés, siendo necesario desarrollar herramientas para el análisis de sus distintas facetas. Y por otro lado, será imprescindible estudiar la alimentación y la historia en profundidad, lo que nos permitirá extraer de ellas ciertas claves que son de importancia para el aquilatamiento del pasado, pero también para profundizar en los orígenes de las circunstancias del presente.

El conjunto de ciencias que estudian el hecho alimentario refleja la propia civilización, como lo hacen otros aspectos de la vida de una sociedad, explicando con claridad meridiana quienes somos y porqué somos así. Analizando los hábitos alimentarios de una sociedad seremos capaces de conocer su desarrollo técnico, su cultura y sus procesos de evolución. E incluso hasta su forma de pensar. Y es que, en definitiva, la manera de alimentarse tanto en lo personal como en el comportamiento social depende de un conjunto de actividades articuladas con el conocimiento tecnológico, con una forma de entender la salud, con una filosofía concreta y todo ello se manifiesta en una serie de hechos que nos conducen a una comprensión más profunda de esa sociedad.

LITERATURA Y PRODUCCIÓN CIENTÍFICA

Incluso desde otra perspectiva, la de la producción científica y literaria de carácter gastronómico, el objeto técnico continuará siendo el alimento. No solamente en los recetarios tradicionales, sino en una larga lista de trabajos de muy diferentes estilos. Es decir, en torno a ese alimento, objeto a su vez de las CC.GG. se pueden establecer una serie de géneros literarios que además se relacionan entre sí de diferentes formas. Por ejemplo, la historia de las CC.GG. requerirá la información que le presten los recetarios y manuales de cocina de otras épocas, o los datos aportados por el periodismo. La sátira de corte gastronómico, como la obra de F. Rabelais, *Gargantúa y Pantagruel*, fue un aporte al conocimiento de la sociedad francesa del siglo XVI, con un característico sentido del humor. Y a su vez, la gastrología necesitará nutrirse de otros de los géneros que componen la rueda. Serán fuentes válidas todas ellas siempre que se interprete bien el conocimiento y que su objeto técnico sea común.

Por su parte, la literatura, tanto la específica de carácter gastronómico como la que no, suele ser una extraordinaria fuente de conocimiento.

El conjunto de la bibliografía gastronómica española es soberbia, y como recoge C. Simón Palmer, hay una serie de documentos en los albores de este tipo de bibliografía, a partir del siglo XVI —los manuscritos, como señala esta autora tenían un menor impacto social— que, si bien no son específicamente gastronómicos, nos proporcionan interesante información, como es el caso de algunos de carácter administrativo o fiscal, normativas de comercio e incluso cartas, crónicas y memorias[29]. La clave está en interrogar correctamente a cada tipo de fuente. Y otra serie de obras de esta misma época, bajo la denominación de *Regimientos*, dedican capítulos completos a las maneras de mesa. Siglos después, a partir de la década de 1930, se comenzarían a publicar una gran cantidad de obras, tanto de carácter científico como específicamente gastronómicas, lo que aportó una gran diversidad al conocimiento de las CC.GG.

---

29   C. Simon Palmer, *op. cit.*, 2003, pp. 14-20.

El objeto técnico y la cultura

Claro que el objeto técnico genérico requiere que sea observado en cada ocasión a través de la lupa que hayamos elegido, para alcanzar a conocer su contextualización y poder realizar un análisis completo. De ahí que la cultura en la que se desarrolla, y la cultura que a su vez genera, sean de imprescindible conocimiento para obtener los mejores resultados en su estudio.

Podemos extraer diferentes modelos sobre cómo se manifiesta una cultura a través nuestro objeto técnico. Y para puntualizar todas sus posibilidades, será necesario referirse a ciertos momentos clave que han tenido lugar en la gastronomía histórica, y que además representan la culminación del conocimiento de una época. Además, estos momentos clave se explican fácilmente conociendo el propio desarrollo histórico en cada ocasión.

Se trata de coyunturas modelo, como lo es el culmen de la cocina romana a lo largo de la época imperial —tan mal interpretada, por otro lado—. O posteriormente, el cénit de la espléndida cocina otomana, heredera de las sofisticadas maneras romano-orientales. Incluso podremos hablar del apogeo de la cocina cortesana francesa, justamente en el reinado de Luis XIV, en la Francia prerrevolucionaria. Y también de la cocina de las grandes cortes europeas, previa a la I Guerra Mundial... Todos estos momentos son algunas muestras de los períodos de apogeo gastronómico. Podemos decir que todas las grandes épocas en las que ha quedado de manifiesto el poder, y en las que este se ha expresado a través de la presencia de cortes importantes, mediante un dominio económico o a través de cualquier otra forma, dicho poder se ha visto acompañado de cocinas importantes, sólidas, bien trazadas y, por supuesto, opulentas. Es lógico: la alimentación en estos casos es una forma de recompensa para los mejores, de homenaje a los ganadores, o una muestra de superioridad y potencia frente a los inferiores o enemigos. La comida es una manera de expresar quiénes eran, cómo eran, cuáles eran sus poderes y de qué capacidades disponían para ponerlos en práctica.

Paralelamente al poder establecido, las cocinas de estos momentos históricos culminantes eran complejas y requerían un personal altamente especializado. Y los edificios, los instrumentos, los enseres y útiles de cocina estaban preparados para acoger las distintas acciones culinarias concretas. Eran, además, morfológicamente complejos y adecuados. El conjunto de las técnicas, en relación con las diferentes épocas y su conocimiento tecnológico, era asimismo sofisticado, y con frecuencia cada una de ellas se desarrollaba a través de varios procesos diferenciados que convergían en una presentación llamativa. Igualmente ocurría con el servicio de sala, con los propios comedores y con el sistema de protocolo, además del entretenimiento durante y después de las comidas. En realidad, la cocina de corte era toda una compleja ceremonia de personal, instrumentos, espacios y alimentos dispuestos a formar parte de la historia, como expresión de un poder manifestándose a través de las mesas.

A lo largo de la historia de la gastronomía, podemos comprobar cómo los acontecimientos culinarios más brillantes se corresponden con culturas que se encuentran en momentos muy avanzados de su desarrollo, en estado de plena madurez, sociedades que son poderosas, cultas, civilizadas y ricas. Y, al contrario, las cocinas más frágiles y pobres, desde el punto de vista alimentario, vinculadas al entorno estricto y al duro esfuerzo físico, están asociadas directamente a épocas concretas, que son, como su propia historia, tiempos de supervivencia. Estas no son necesariamente pobres intelectualmente, pero sí se producen en coyunturas históricas en las que las posibilidades de desarrollo se encuentran mermadas para una gran parte de la sociedad.

Nuestro tiempo es un exponente más de uno de aquellos momentos espléndidos. Un ciclo en el que la brillantez de la gastronomía expresa la rica sociedad que la hace nacer, y a la vez convive con un tiempo de excesos a nivel popular, que se ha traducido en una situación de obesidad en este mismo mundo. Mientras, y en otros lugares de la tierra, grandes núcleos de población conviven en directo con el hambre por la falta absoluta de alimento y agua. La diferencia entre este momento y otros es que hoy conocemos lo que ocurre en otros lugares, y en otras épocas apenas se sabía vagamente, en el mejor de los casos, o simplemente se desconocía. Los espacios geográficos estaban mucho más acotados y aislados entre sí.

Este tiempo de espléndida gastronomía, en el que está gozando de un protagonismo como antes jamás había tenido, es un tiempo diferente. Hasta hace apenas treinta años, por ejemplo, no se conocían, salvo excepciones contadas, los nombres de los cocineros. La ingente cantidad de libros publicados con recetas de todo tipo es otro exponente de esta época, que se manifiesta a través de la proliferación de establecimientos de comidas, de productos alimentarios o por la presencia de una poderosa industria dedicada a proporcionar posibilidades alimentarias a unos usuarios ávidos de novedades.

En torno al hecho gastronómico hoy se desarrollan muchas actividades: desde la formación y las escuelas de hostelería a los macro negocios en los que se comercia con idénticas comidas a lo largo de todo el mundo. Y esta extraordinaria divulgación ha provocado a la vez un fenómeno de vulgarización de la gastronomía, llevándola al único terreno de la degustación. Se trata de un fenómeno paralelo a la propia cultura actual, ya que la gastronomía, forma parte de ella, y la expresa. Así, banalizando la cultura, llevaremos a algunas o todas sus expresiones a un estado anodino, en este caso a la gastronomía.

La alimentación siempre ha sido, y es, un exponente altamente expresivo de la cultura. Vivimos un momento en el que el hecho alimentario tiene una gran relevancia social y mediática. Y es una muy elocuente expresión de la cultura, que nos brinda la oportunidad de conocer la historia a partir de una de estas mal llamadas historias menores, cuyo testimonio solamente hay que saber interpretar correctamente. La sociedad y la alimentación se encuentran estrechamente unidas debido a la necesidad fisiológica que tiene el hombre por el alimento, y así, nuestro Sistema Alimentario es expresión de la sociedad en que se desarrolla, ya que, en el hombre, el acto de comer no se entiende por sí mismo como un fenómeno aislado, carente de conexiones. Más bien emerge de un amplio trasfondo antropológico constituido, si lo contemplamos desde una vertiente de carácter cultural, por normas sociales, y desde el lado más subjetivo y personal por pautas inconscientes.

La cultura, con su tradición e historia colectiva, y el inconsciente, con su historia individual, establecen un trasfondo desde el cual el acto de comer cobra su sentido como conjunto complejo de diversas facetas, proporcionando en este caso argumentos a una cultura personal. Ahí tenemos a nuestro objeto técnico, contextualizado y desarrollado a través de la historia.

Reglas del análisis alimentario

Las reglas no serán muchas, sino pocas y suficientemente claras como para facilitarnos el trabajo e incordiar lo menos posible. Carece de interés estructurar y encorsetar tanto que al final resulte imposible desarrollar el trabajo placentera y eficientemente. Ordenar y sistematizar sin rigidez, y con unas pocas reglas sólidas, será suficiente y así:

— Primero, partiremos del objeto técnico de las CC. GG.: El alimento.

— Segundo, tendremos en cuenta la vinculación del alimento con la tierra, con la geografía, con el entorno y sus circunstancias.

— Tercero, continuaremos con la relación que se establece entre el hombre y el alimento, previamente contextualizado.

— Y cuarto, finalmente, ajustaremos este conocimiento al momento histórico y las circunstancias en que se produce.

Así, estas reglas supondrán también un esquema para el desarrollo del trabajo, y resultarán útiles para que el análisis resulte fructífero y no pierda su vinculación con el objeto técnico de estudio. A continuación, por la importancia que tienen, se desarrollan estos conceptos vinculados necesariamente con las reglas del Sistema Alimentario.

Sistema Alimentario y territorio

El hombre, a través de su modo de alimentarse, crea una estrecha reciprocidad con su medio ambiente, con el que le resulta necesario encontrarse en una relación de equilibrio para disponer de alimento sin agotarlo. La alimentación nace en un territorio, el cual, a través de sus frutos, los alimentos, se vincula con los hombres. Y desde el territorio, con su producción agrícola, con los ecosistemas naturales y con las posibilidades que este ofrece en cada caso, llegamos a una forma concreta de alimentación. Incluso podríamos hablar en ciertos casos, más allá de la estricta alimentación, de una verdadera Geografía Gastronómica.

Este concepto del territorio ha sido contemplado como algo evidente desde épocas muy antiguas. Por ejemplo, en el siglo IV, Casiodoro, que ocupó un importante puesto en la corte del rey Teodorico, decía que únicamente el ciudadano corriente se contenta con lo que el territorio le proporciona[30]. Creía que el rey debía tener como elemento diferenciador, y conforme a su prestigio y posición, una mesa bien surtida, repleta de exquisiteces de todas las tierras. Es decir, para Casiodoro, el poder de su época —el rey—, debía desvincularse del consumo de estos alimentos locales, lo que por una parte marcaba la importancia que tenía la autoridad real, y por otra expresaba lo vulgar que resultaba para su sociedad el consumo de productos de territorio, que eran los habituales para la gente corriente. Esta forma de comer que desvinculaba el poder de la alimentación de cercanía fortalecía su concepto de diferenciación social. Al desligarse del terreno y de los alimentos cotidianos/ordinarios/económicos, el poder elegía esa otra opción de alimentos representativos/exóticos/costosos, que lo representaba más adecuadamente. Desde luego, esta era una cuestión compleja para ponerla

---

30 Casiodoro, *Epist.*, 12, 4.

en práctica en una época en la que consumir productos de otros territorios era un dispendio de difícil gestión.

> Y es que la alimentación nace de la tierra. Así es de rotundo y de claro, sin estados intermedios, sin explicaciones. Después del territorio llegan los agentes humanos, que son la historia y la acción del hombre en forma de cultura, de innovación, de modificaciones. Pero todas ellas, en primera instancia, estarán siempre vinculadas con el territorio.

Con el paso del tiempo, suele ser normal que este se amplíe, y que se produzca una combinación de entradas y salidas de productos: la cocina fusión es tan antigua como la cultura fusión. En realidad, la cocina fusión no es nada más que la expresión del intercambio de conocimiento en el campo puramente culinario de las CC.GG. Estos intercambios de carácter alimentario y cultural en el Mundo Antiguo se debían a la acción de actividades como el comercio, a las campañas militares, a los viajes de exploración... En el mundo moderno las explicaciones son infinitamente más difíciles, porque hoy la interconexión mundial es más compleja.

Finalmente, tenemos al individuo como receptor de los frutos de la tierra y, por supuesto, de la actividad alimentaria. Es la persona, cada persona concreta quién proporciona sentido al gran esfuerzo de recolección, de transporte, al desarrollo de técnicas culinarias y a todas las labores vinculadas con el hecho alimentario, ya sea gastronómico o no. En cualquier caso, cierra el ciclo del triángulo alimentario que explicábamos en el anterior epígrafe.

La fórmula alimentación + cultura, como objeto del análisis alimentario

Si la primera regla del análisis alimentario debe ser el territorio, las dos siguientes esferas de relación del alimento se producen cuando el objeto técnico, el alimento, concurre con el hombre y la cultura. Tendremos a esta última enmarcada en un espacio geográfico —y por tanto con un medio ambiente concreto— en un tiempo determinado, en un entorno o medio social, con todas las complejidades y matices que definen a la cultura.

La combinación de estos factores origina la cultura alimentaria. En cualquier cultura el alimento es símbolo y reflejo del pensamiento, plasmándolo con toda fidelidad, no solo en los individuos sino también en la propia sociedad. El sistema filosófico y moral, el religioso, las posibilidades económicas, la ciencia..., todos ellos se expresan a través del Sistema Alimentario. En casi cualquiera de los ámbitos de aplicación de las CC.GG., resulta fundamental desarrollar un modelo que incorpore la Dinámica Histórica y el Sistema, o mejor, los Sistemas Alimentarios de una época. Eso nos proporcionará una visión global para poder realizar el análisis posterior.

Su estudio nos debe hablar de la comida como cultura, en toda su amplitud y campos del conocimiento, lo que nos conferirá el marco para desarrollar y conocer mejor la extensión y profundidad del Sistema Alimentario. Y en cualquier caso, sin olvidar que a través de la comida se manifiesta el gusto personal, por lo que, analizando los estilos culinarios concretos, sabremos si la sociedad es rural o urbana, conoceremos su religión, su riqueza, su grado de cultura, ya que al fin y al cabo la nutrición sana es una inteligente forma de comer. En cada circunstancia, el Sistema Alimentario es, además, expresión de nuestro complejo estilo de vida, así como de la forma de entender el mundo y de valorar la realidad. El alimento también es testimonio de los diferentes grupos sociales o ideológicos, cuya forma de pensar se entrelaza con la comida: vegetarianos, nuevos ricos, glotones, exquisitos, preocupados por la salud, apegados a la tradición, deseosos de modernidad y novedades, gente que pertenece a ámbitos sociales distintos. Cada uno de ellos se alimenta de una forma diferente, que es expresión de su tipo de vida. El viejo adagio: *dime lo que comes y te diré quién eres*, se sigue cumpliendo, es exacto.

El examen atento de las distintas formas de alimentación en las diferentes culturas revela una gran cantidad de datos sobre las relaciones de poder, así como acerca de la propia comunidad y su personalidad, o sobre la construcción de la familia, los sistemas de significado y comunicación, sobre los valores presentes en diferentes culturas. Y, además, ese estudio de la alimentación contribuye a la comprensión de la personalidad humana a través de las civilizaciones y los distintos períodos históricos, lo que nos proporciona una interesante visión sobre la evolución histórica de los Sistemas Alimentarios. Y es este conocimiento el que a su vez nos permite comprender mejor una cultura, una etapa de las CC.GG., con una gran cantidad de detalles y en toda su complejidad.

Por otro lado, las relaciones que se producen entre la alimentación y la cultura son estrechas y han fluido en todos los tiempos, desde el momento en que la alimentación marcó un hito revolucionario en el neolítico, modificando las relaciones entre los recolectores/cazadores con los productores/agricultores/ganaderos.

El tránsito entre ambos grupos refleja un antes y un después en el progreso y desarrollo humano, modificando las relaciones entre el hombre y la naturaleza, así como entre los sistemas de abastecimiento y producción, que es posible conocer y datar con bastante precisión. Fueron dos formas de vivir, de comer y de desplegar diferentes actividades vitales, que concurrieron en primera instancia para bifurcarse posteriormente, creando diferentes caminos en relación con el origen del alimento, con la recolección y la producción. La revolución neolítica es uno de los momentos de la historia en los que se puede observar de forma más explícita y evidente cómo el estilo de producción (o no) de alimentos refleja diferentes tipos de cultura y de modos de vida y es exponente de la porosidad y reciprocidad que se produce entre cultura y alimentación.

Otro ejemplo para mostrar esta relación es el que se origina en el antiguo mundo mediterráneo, más cercano a nosotros que el neolítico. Los romanos denominaban *barbari* a los pueblos del norte de Europa, una expresión con la que querían decir bárbaros, diferentes, no cultivados, ajenos a la cultura. Y así sucedía: los bárbaros eran extraños a la cultura romana, esta última de carácter urbano, más elaborada y compleja, que fue capaz incluso de someter y organizar vastos territorios hace ya una veintena de siglos.

Por su parte, la cultura de estos pueblos bárbaros estaba definida por muchos aspectos, y en particular por su forma de alimentarse, en los que quedaban patentes sus propias diferencias frente al culto mundo romano: consumían mantequilla en lugar de aceite de oliva, cerveza en lugar de vino, y carne asada frente al civilizado pan de los latinos, blanco, refinado y fermentado. Son evidentes las diferencias de tecnología aplicada en el caso del aceite de oliva y del vino, y en el último caso, el de la carne. Esta última solamente requiere una simple acción para poderla comer (proceso de asado), mientras el pan requiere el esfuerzo y previsión de la agricultura, el desarrollo de molinos para la elaboración de la harina, la técnica del panadero, la creación de hornos... Esa justamente es la cuestión que señala la diferencia entre un alimento culto, o que representa la cultura, el pan, frente a otro alimento que sólo es producto de la captura o caza y fruto de una sencilla preparación. El ganado, y por tanto, su carne, formaba parte del medio ambiente, no requería excesivas complicaciones técnicas para su desarrollo ni para la obtención del alimento, mientras la producción de cereal y la fabricación de pan requería un gran esfuerzo y conocimiento, hasta hacerse una realidad que había incluso desarrollado incluso una tecnología propia.

Así, a través del desarrollo del Sistema Alimentario encontramos el hilo conductor de la alimentación, que hereda parte de su esencia de la cultura romana. Y así podríamos vincular muchos de los hábitos actuales del Mediterráneo con la Antigüedad. Aunque el Sistema Alimentario actual es una compleja mezcla de internacionalización de las comidas y de hábitos más saludables, responde en cierta manera a las características heredadas de algunos hábitos de origen romano. Roma destaca su importancia como cultura unificadora, prácticamente en toda Europa, y creadora, además, de una organización eficiente. Sin erradicar hábitos alimentarios anteriores, los suyos se asentaron en los territorios más profundamente romanizados, llegando a formar parte de los Sistemas Alimentarios de estos espacios geográficos, y transformándolos definitivamente.

La elección del alimento está determinada por muchos factores. No elegimos total y libremente, hay factores culturales, económicos, políticos, sociales y religiosos, ecológicos, tecnológicos y finalmente, personales. Cuando el propio individuo elige, en un entorno de posibilidades limitadas por el propio medio, se realiza una primera selección. Después llegará esa segunda opción individual y personal que está siempre mediatizada por la anterior, lo que nos proporciona una visión como la de la imagen a continuación.

La cuestión es que, como tenemos capacidad de elección y posibilidades de hacerlo, en la actualidad podemos seleccionar comidas prefabricadas o caseras, sencillas o complejas, más aun teniendo en cuenta las posibilidades de elección con respecto a los productos, formatos y preparación de alimentos. Esto nos libera aún más para expresar quienes somos, ya que vivimos en una cultura en la que, como nunca, podemos elegir y disfrutar del objeto de nuestra libre elección. A pesar de que es inevitable que la economía marque un tipo de alimentación, y aun teniendo esto en cuenta, disfrutamos de la capacidad de seleccionar alimentos a nuestro gusto. Y no hablo de preferencias concretas, sino más bien de estilos de alimentarse: la frugalidad o el exceso, la comida casera o prefabricada —en realidad una elección entre esfuerzo y comodidad—, los platos saludables o de comida basura.

6. HERRAMIENTAS Y TÉCNICAS DEL INVESTIGADOR

En Ciencia, no todo vale, por tanto, no todo es ni puede ser aceptado. Hay una vía adecuada y otras que no lo son, el anarquismo metodológico no es una fórmula de interés para la creación de estructuras ordenadas. Tendremos que pensar abiertamente, sin fronteras en principio, y concentrados solamente en la presencia de problemas concretos y bien planteados, delimitados por algún aspecto temporal, geográfico o de algún otro tipo. Sin embargo, podremos tropezar, las hipótesis pueden a veces tambalearse en algún momento de nuestra argumentación, podemos cometer errores, algo que en realidad no representa un problema, sino que es más bien parte del proceso de investigación. Las dificultades forman parte de la experiencia científica; errar y rectificar son las dos caras del mismo proceso que nos ayudarán a aclarar el camino, que no por ello habrá que dejar de emprender.

LAS HERRAMIENTAS

Para desarrollar correctamente el método, será necesario contar con un conjunto de herramientas que cohesionen la aparición de este nuevo campo de exploración.

El conocimiento de la **Heurística** será la primera herramienta de trabajo. En la actualidad disfrutamos de un importante cúmulo de obras que conforman una nutrida historiografía de la Gastronomía[31]. El disponer de abundante información no es raro, ya que como es natural, el interés por la alimentación humana es un denominador común de todas las culturas y todos los tiempos. Y quedan numerosas huellas de este interés: las evidencias arqueológicas lo demuestran, así como los signos gráficos, las obras de arte y, sobre todo, y a partir de su aparición, la palabra escrita. La escritura refleja esta relación desde los primeros signos que tenemos, que son las tablillas de Uruk, del III milenio a. C., pero principalmente, y ya de una forma más definida y conceptualizada, a partir del Mundo Egipcio y el Clásico.

El conocimiento de las fuentes es una importantísima referencia para fundamentar el saber, el cual va creciendo a partir de las tesis de diversos investigadores, y ampliándose o profundizando, según el caso. De ahí la trascendencia de que la base de conocimiento sea lo más cercana a la verdad posible, a la objetividad.

La segunda herramienta es la **Crítica**: se analizarán las fuentes y se determinará su veracidad, construyendo

---

[31] Con respecto a las fuentes literarias españolas, disponemos del extraordinario trabajo de C. Simón Palmer, *op. cit.*, *Bibliografía de la Gastronomía y la Alimentación en España*, Madrid, 2003. Y en relación con las fuentes para la historia de la alimentación universal, el extenso trabajo de Jeffrey M. Pilcher, *Food History: Critical and Primary Sources*, London, 2014.

a través de su estudio, y posteriormente, las teorías necesarias. Esto implica la existencia de relaciones profesionales entre investigadores, y la aparición de una bibliografía especializada. La crítica hacia el trabajo requiere dominar bien los temas, así como conocer la bibliografía y los sistemas de trabajo. Claro que habrá que revisar el trabajo con la mirada del otro. El único objetivo del investigador debe ser encontrar la verdad, no defender una teoría, propia o ajena.

La última de las herramientas es la **Síntesis**, que representa el resumen de las teorías, debidamente expuestas y contrastadas mediante el análisis y crítica de las fuentes. Ser capaces de presentar una teoría que se comprenda con facilidad, que se exponga con claridad, con la palabra justa y el lenguaje preciso. Solamente se puede sintetizar adecuadamente cuando se conocen perfectamente todos los ámbitos de la investigación. Como decía, en *Eternidades,* Juan Ramón Jiménez: «Inteligencia, dame el nombre exacto de las cosas».

Técnicas

A través del desarrollo del método y de la aplicación de las herramientas, se va construyendo el oficio de investigador de las CC.GG. Tenemos muchas cuestiones que resolver, en realidad no hemos hecho más que empezar, porque..., ¿cuál es el Objeto de las CC.GG., a qué van a dedicar su estudio y análisis, cuál es el foco que debemos despejar para continuar trabajando? En cada caso será necesario delimitar un *objeto teórico* definido y analizable, que permita al investigador enfrentarse a un campo de trabajo concreto. Hay que capturar y enfocar el tema de análisis, como si fuera una fotografía.

Después de tener claro cuál será el objeto de estudio, se hará necesario explicar los hechos que analizamos, los cuales representarían, además, el objetivo de la investigación.

El experto en estos temas requerirá un aprendizaje total, que abarque todas las facetas en su conjunto, al menos con respecto a sus premisas principales. Dominará la teoría, pero conocerá la práctica. No tiene sentido que sea un *gourmand* necesariamente, pero tratará de conocer de primera mano los hechos. El humanista del siglo XXI sabrá cómo y porqué elegir un alimento y no otro, cómo se desarrolla la tecnología, y porqué una teoría no es nueva.

En cuanto al discurso gastronómico, es necesario tener muy claro cómo se escriben las CC.GG., cómo se expone el objeto de nuestro trabajo, cómo se detalla, pero no solamente por una mera formalidad de contenido, sino porque el formato esté vinculado con el fondo, el contenido con el continente. Finalmente, las teorías bien construidas proporcionarán al investigador las herramientas adecuadas, para extraer de las fuentes de cualquier tipo la información necesaria.

Las CC.GG. están unidas por un vínculo, su área de conocimiento, que en realidad es justo el que, paradójicamente, las ha separado a lo largo de la historia. La tradicional división de las ciencias en dos grandes grupos: empíricas y no empíricas es, a la vez de ese lazo de unión, la gran divergencia. Porque, al contrario de lo que sucede en otros campos, ambos tipos son fuentes de conocimiento para las CC.GG., lo que nos proporciona una visión de su complejidad y de cómo estas engloban diferentes universos. Por lo tanto, no se pueden ceñir a un solo campo de saber, sino que se imbricarán en varios de ellos y de ellos se nutrirán y surgirán. De ahí la necesidad de analizar la Epistemología de las CC.GG.

Y con respecto a las ciencias auxiliares de las CC.GG., el rigor conceptual requiere que utilicemos otras perspectivas del conocimiento para completar la nuestra. Y así, serán materias específicas de las CC.GG., entre otras: la Historia de la alimentación, la Tecnología de los alimentos, la Historiografía culinaria, la Crítica gastronómica, la Ética profesional, la Epistemología de las CC.GG. o la Heurística de las CC.GG.

Por otro lado, tendremos ciencias autónomas que son de gran utilidad, como la Física, la Química, la Biología, la Antropología, la Sociología, la Historia, la Medicina, la Agronomía, la Botánica, la Zoología, la Economía, el Derecho, la Geografía o la Etnografía. La utilidad de cada una de ellas no requiere explicaciones más allá de citarlas, ya que de forma directa —agronomía o economía—, o indirecta —derecho, biología—, todas ofrecen una visión particular del alimento y lo que este representa para el ser humano.

En realidad, podríamos dividir los campos de estudio las CC.GG. en cuatro grandes bloques con respecto al objeto del conocimiento, y así:

— Universo Natural: que comprende, entre otros a la geografía, a la agricultura, a la bromatología, a la biología y al medio ambiente.

— Universo Social: que comprende, entre otros, al hombre, a la historia, a la salud, a los sentidos y las percepciones, a los aspectos psicológicos del alimento, a la antropología y a la literatura gastronómica.

— Universo Tecnológico: que comprende, entre otros, a la cocina, a la física y química de los alimentos y también al conjunto de herramientas e instrumentos.

— Universo Artístico: que comprende a la presentación de los platos, a la estética del entorno gastronómico, a la pintura, a la fotografía, la escultura, o al cine, entre otros.

Todas estas ciencias a su vez disponen de una serie de técnicas de trabajo, y habrá que utilizarlas en cada caso concreto, aplicándolas y sirviéndose de ellas como principales o complementarias. Pero, en cualquier caso, teniendo en cuenta el gran servicio que en el campo de las CC.GG. se prestan unos campos de conocimiento a otros.

Y como última observación con respecto a las técnicas, con el actual progreso de las CC.GG., el cual se acelera continuamente, observamos una nueva concepción del ritmo y del tiempo gastronómico: será función del investigador reconocer esos ritmos. Y como dice J. Le Goff[32], más importante que el nivel superficial (que es el tiempo rápido de los sucesos) será el nivel más profundo de las realidades que cambian lentamente, es decir, las estructuras, lo que Braudel llamaba en historia «niveles de larga duración». Pues bien, estas estructuras sobre las que se asientan las CC.GG., su desarrollo, los cambios y los hechos que les dan explicación, son los parámetros que esta ciencia debe ser capaz de explicar, porque es la ciencia que estudia los alimentos y su relación con los hombres.

Las CC.GG. carecen de estructura previa, es decir, hay que encontrarla o crearla, observando siempre el objetivo

---

[32] J. Le Goff, *Pensar la historia. Modernidad, presente, progreso*, Barcelona, 2013, p. 16.

que queremos alcanzar. Llegaremos a este buen fin si conseguimos que las conclusiones sean acertadas. Alcanzar estos objetivos nos proporcionará libre acceso a un universo mucho más profesionalizado, mejor conocedor de los hechos, y expondrá las teorías a una crítica necesaria y constructiva que mejorará la propia ciencia.

Y si conseguimos cumplir todos estos parámetros estaremos creando escuela. Crear escuela será el paso que nos confirme que estamos en el buen camino, y para ello será necesario establecer un método de investigación, y enseñar a partir de su conocimiento. Gracias a la localización de objetivos, a la aplicación del método y al uso de herramientas, se hará mucho más sencilla la docencia. Un investigador bien formado requiere preparación técnica, y hoy por hoy, esta no se enseña, o al menos no se enseña de la forma completa que requiere la materia. La formación está dispersa, es insuficiente y deficitaria, en cualquier caso, y un currículo bien estructurado requiere precisamente ese orden y método del que estamos tan necesitados. Es necesario establecer los conocimientos y crear una cronología de acontecimientos en la cual aparezcan todos los grandes personajes, las innovaciones tecnológicas, las revoluciones alimentarias y el desarrollo de la producción de alimentos, aspecto en el que trabajamos.

Así, se creará Escuela, estructurando bien los cimientos, desarrollando las reglas necesarias del análisis gastronómico, y teniendo muy claro cuál será el objeto técnico de estudio en cualquiera de los análisis que se realicen. En definitiva, se trata de llevar a cabo un análisis y esclarecimiento profundo de las diferentes realidades de la alimentación, en cualquiera de las parcelas de las CC.GG.

Si tenemos método, si ejercitamos el oficio y si disponemos de una ciencia, es necesario que tratemos a las

CC.GG. como disciplina científica, ya que: «la ciencia se caracteriza, en última instancia, por la construcción de teorías[33]».

---

[33] J. Aróstegui, *op. cit.*, 1995, pp. 65.

CONCLUSIÓN

O mejor aún, conclusiones. Nominar un campo científico no lo hace existir por sí mismo, pero sí lo concreta, proporcionando un continente definido y necesario a algo que en la realidad ya existe.

Principiaban estas páginas señalando que la gastronomía ha cambiado, y que esa enorme evolución requiere de un tratamiento diferenciado, o al menos, de la aplicación de un procedimiento. El método expuesto es la propuesta para los nuevos tiempos, y tiene el propósito de servir de orientación para la investigación en el presente y hacia el futuro. Una invitación a conocer y aplicar la teoría y el método, no tanto como un nuevo paradigma, sino como una forma de encauzar las CC.GG. Avanzaremos sobre él si es preciso, pero hay que atreverse a lanzar hipótesis de trabajo, las primeras, ¿las definitivas? Es imposible saberlo con certeza, pero al menos comenzamos. Y para ello, será necesario utilizar la terminología específica del profesional, conocer la implicación de diversos campos de conocimiento y sus ramificaciones, en cada uno de los casos, para interpretar correctamente y de forma novedosa la información.

La cultura se nutre de las CC.GG., y estas a la vez, proporcionan sustento a la cultura. Más allá de la diversión, de la *gourmandise* o del uso de la cocina espectáculo, hay grandes cosas que están pasando en la actualidad, y esto ocurre en todo el mundo, de diversas formas y con distintas intensidades. Si conseguimos aislarnos del ruido mediático podremos centrar el objetivo, y pronto se observará el enorme esfuerzo que muchas personas están haciendo en el campo de las CC.GG. La cuestión es que nos encontramos en el momento clave para interpretar bien y decididamente todo esto, con el fin de que nos resulte de la máxima utilidad.

Quizás las conclusiones pueden, o deben, ser fruto más de la reflexión del lector de estas páginas. Si esta teoría le ha resultado provechosa, si la terminología propuesta es suficientemente flexible y adecuada, si la metodología de trabajo puede convertirse en un esquema ágil y útil para reforzar, organizar o desarrollar su trabajo, ese, entonces, será un avance personal y un logro en las CC.GG.: la creación de un método útil para muchos en este extenso campo de investigación. Una herramienta de utilidad práctica para reflexionar y desarrollar el trabajo, para el investigador, para el docente y para los alumnos vinculados con las CC.GG.

BIBLIOGRAFÍA

— Aróstegui, J., *La investigación histórica: teoría y método*, Barcelona, 1995.

— Beer, M., *Taste or Taboo. Dietary choices in Antiquity*, Trowbridge, 2010.

— Bloch, M., *Introducción a la historia*, México, 2012.

—*Historia e historiadores*, Madrid, 2008.

— Brillat-Savarín, J. A., *Fisiología del Gusto. O meditaciones de gastronomía trascendente*, Madrid, 1987.

— Carr, E. H., *¿Qué es la historia?*, Barcelona, 2012.

— Cruz Cruz, J., *Teoría elemental de la Gastronomía*, Ansoáin, 2002.

— Descartes, R., *Discurso del método*, Madrid, 1993.

— Eliot, T. S., *La unidad de la cultura europea*, Madrid, 2003.

— *La aventura sin fin*, Barcelona, 2011.

— Fischler, C., *El (h)omnívoro*, Barcelona, 1995.

— Goody, J., *Cocina, 'cuisine' y clase. Estudio de sociología comparada*, Barcelona, 1995.

— Harris, M., *Bueno para comer. Enigmas de alimentación y cultura*, Madrid, 2011.

— Hodgkin, T. (trad.), *Cassiodorus. Letters of Cassiodorus. A Condensed translation of the variae epistolae of Magnus Aurelios Cassiodorus senator*, 1886, London.

— Houston, L., «Serpent's Teeth in the Kitchen of Meaning: A Theory of South African Culinary Historiography», *Safundi: The Journal of South African and American Studies*, 2, 2000.

— Kant, E., *Filosofía de la Historia*, México, 1992.

— Le Goff, J., *Pensar la historia. Modernidad, presente, progreso*, Barcelona, 2013.

— Levi-Strauss, C., *Mitológicas*, vols. I-III, México, 1996.

— Montanari, M., *La comida como cultura*, Guijón, 2004.

— Navarro Santana, F. J., «Expansión e identidad: ideas y valores del imperialismo romano», en A. Caballos Rufino y E. Melchor Gil (eds.), *De Roma a las provincias: las élites como instrumento de proyección de Roma*, Sevilla, 2014.

— Nietzsche, F., «Ecce Homo, ¿por qué soy tan inteligente?», *Obras completas*, Buenos Aires, 1970.

— Ortega y Gasset, J., «La "filosofía de la historia de Hegel", y la historiología», *Revista de Occidente* 56, pp. 145-176; 183-210, Madrid, 1928

— *Historia como sistema*, Madrid, 1971.

— *Una interpretación de la historia universal. En Torno a Toynbee*, Madrid, 1989.

— Pereira Sieso, J. y García Gómez, E., «Bellotas, el alimento de la edad de oro», *Arqueoweb* 4, 2, 2002.

— Revel, J. F., *El conocimiento inútil*, Madrid, 2007.

— Sánchez Albornoz, C., *Historia y libertad. Ensayos de historiología*, Madrid, 1974.

— Simón Palmer, C., *Bibliografía de la Gastronomía y la Alimentación en España*, Madrid, 2003.

— Toynbee, A. J., *Estudio de la Historia*, vols. I-II, Madrid, 1970.

— Villegas Becerril, A., *Gastronomía Romana y Dieta Mediterránea*, Córdoba, 2001.

— *Saber del Sabor. Manual de Cultura Gastronómica*, Córdoba, 2008.

— *El libro del Salmorejo*, Córdoba, 2010.

— *Córdoba gastronómica: territorio, cultura, cocina*, Córdoba, 2012.

— *Grandes maestros de la historia de la gastronomía. De Apicio a Julia Child*, Córdoba, 2015.

OTROS TÍTULOS DE ALMUDENA VILLEGAS

Historia de un viaje milenario

El libro del
salmorejo

ALMUDENA VILLEGAS

Descúbralo todo sobre este singular plato, desde los prehistóricos y contundentes albos salmorejos hasta el actual y delicioso salmorejo cordobés.

ℐ
ALMUZARA

SABER DEL SABOR

Almudena Villegas Becerril

MANUAL DE CULTURA GASTRONÓMICA

ALMUZARA

GRANDES MAESTROS de la HISTORIA de la GASTRONOMÍA

ALMUDENA VILLEGAS

La más original historia de la gastronomía universal a través de sus protagonistas: de Apicio a Julia Child.

ALMUZARA

ALMUDENA VILLEGAS
TRICLINIUM

Apicio, el precio de la ambición en Roma

La vida del gastrónomo Apicio es mucho más que la pasión por la buena mesa, es el reflejo de un imperio que empieza a debilitarse.

Ciencias de la Gastronomía, Teoría y Método se terminó de imprimir en su primera edición, por encargo de la editorial Almuzara, el 8 de marzo del 2019. Tal día del 1892, nace Juana de Ibarbourou, poetisa uruguaya.